W0174201

OSWALD VON NELL-BREUNING – UNBEUGSAM FÜR DEN MENSCHEN

OSWALD
VON NELL-BREUNING

UNBEUGSAM
FÜR DEN MENSCHEN

LEBENSBILD
BEGEGNUNGEN
AUSGEWÄHLTE TEXTE

HERAUSGEGEBEN
VON HERIBERT KLEIN

HERDER
FREIBURG · BASEL · WIEN

Alle Rechte vorbehalten – Printed in Germany
© Verlag Herder Freiburg im Breisgau 1989
Herstellung: Freiburger Graphische Betriebe 1989
ISBN 3-451-21483-0

Vorwort

Dieser Band wird vorgelegt zu einem denkwürdigen Anlaß: am 8. März 1989 beginnt der katholische Sozialwissenschaftler Pater Oswald v. Nell-Breuning SJ sein 100. Lebensjahr. Es ist keine Festschrift im herkömmlichen Sinn, vielmehr ein Buch, das aus der Begegnung lebt und zu einer Begegnung führen will.

Lang ist die Reihe der Personen, die seine Schüler und Gesprächspartner waren, die er beraten, angespornt, kritisiert oder auch nur gekannt hat. Nur eine begrenzte Zahl von denen, die ihm in seinem langen Leben begegnet sind, kommt hier zu Wort. Trotz verschiedener Herkunft und unterschiedlicher Positionen verbindet sie eines: der Respekt vor der Person, der Gesinnung und dem Lebenswerk Oswald v. Nell-Breunings, ungeachtet abweichender Meinungen in Einzelfragen und -problemen. Solches kann nur dem gebühren, der auf dem Hintergrund priesterlichen Wirkens beharrlich, unbestechlich und unbeugsam für die Würde des Menschen eintritt.

Die drei Teile dieses Bandes zeichnen – über die Bedeutung Oswald v. Nell-Breunings wissenschaftlicher Arbeit hinaus – hervorstechende Züge seiner Person. Ein Lebensbild, dessen Grundlage im Frühjahr 1988 entstand, als ich ihn anläßlich eines Porträts für das FAZ-Magazin mehrmals besuchen konnte, wird ergänzt durch Beiträge von fünfzehn Personen des politischen und gesellschaftlichen Lebens. Allein das Spektrum der Autoren zeigt an, welch außergewöhnliches Ansehen Oswald v. Nell-Breuning bei

Politikern, Gewerkschaftern, Unternehmern und Sozialwissenschaftlern genießt. Daß sie sich alle spontan bereit erklärt haben, ihre Wertschätzung des Jesuitenpaters wiederzugeben, dafür sei ihnen herzlich gedankt, ebenso wie dem Jubilar, der sich der Mühe unterzogen hat, mein Lebensbild von ihm mit prüfendem Blick im voraus zu lesen.

Eine Auswahl von kürzeren Texten, die Pater v. Nell-Breuning zu verschiedenen aktuellen Anlässen und Themen sowie in unterschiedlichen Zusammenhängen geschrieben hat, lassen den „Nestor der katholischen Soziallehre" zum Schluß selbst zu Wort kommen. Der mittlerweile verstorbene katholische Sozialwissenschaftler Professor Wilhelm Weber hielt zum 90. Geburtstag v. Nell-Breunings am 8. März 1980 in Köln die Festrede. Am Schluß überreichte er ihm als Geschenk das v. Nell-Breuning gewidmete Jahrbuch für Christliche Sozialwissenschaften. Weber beendete seine Rede mit einem Zitat, das auch am Anfang dieses Buches stehen soll: „Gern gereicht, ist unverächtlich auch des kleinern Mannes Gabe!"

Frankfurt a. M., am 7. Januar 1989 *Heribert Klein*

Inhalt

Vorwort 5

I. LEBENSBILD

Heribert Klein
Oswald v. Nell-Breuning – unbeugsam für den Menschen 11
1. Erinnerungen an die Jugendzeit 15
2. Entscheidung für den Priesterberuf 22
3. Widerstand gegen religiösen Totalitarismus 26
4. Tätigkeit als Wissenschaftler 31
5. Mitarbeit an „Quadragesimo anno" 36
6. Bemühen um gesellschaftlichen Fortschritt 43
7. Anstöße zu Reformen 49
8. Lehren für die Zukunft 54

II. BEGEGNUNGEN

Walther Kampe
Priester seiner Kirche 62

Norbert Blüm
Sokrates im Gewand der Gesellschaft Jesu 68

Heiner Geißler
Förderer sozialen Friedens 75

Oskar Lafontaine
Mitgestalter des Sozialstaates 80

Alfons Müller
Wegbegleiter der Arbeitnehmerschaft 84

Helmut Schmidt
Verfechter weltweiten sozialen Ausgleichs 90

Hans-Jochen Vogel
Brückenbauer der Gesellschaft 94

Franz Alt
Der Lehrer der Arbeiter 97

Franz Steinkühler
Die Botschaft des Umdenkens 101

Heinz-Oskar Vetter
Anwalt der sozial Schwachen 105

Franz Greiss
Vermittler zwischen Kirche und Wirtschaft 108

Peter H. Werhahn
Streiter für eine menschenwürdige Gesellschaftsordnung 111

Gerhard Müller
Ratgeber mit ethischem Fundament 121

Franz Furger
Bewahrer menschlicher Würde 126

Anton Rauscher
Mensch mit Gottvertrauen 130

III. AUSGEWÄHLTE TEXTE VON OSWALD V. NELL-BREUNING

Zusammengestellt von Heribert Klein

Blick auf Karl Marx 136

Themen:
Das Beispiel Jesu Christi *148* – Menschenwürde *150* – Gewissen *152* – Familie *154* – Arbeit *157* – Mitbestimmung und Unternehmer *159* – Partnerschaft *161* – Eigentum *163* – Arbeitslosigkeit und Umweltzerstörung *166* – Freizeit und menschliches Wachstum *169* – Subsidiarität *171* – Solidarität *173* – Toleranz *175* – Wirtschaft *178* – Wachstumspolitik *181* – Kapitalismus *182* – Sozialismus *185* – Verantwortung *188*

Biographische Hinweise zu den Autoren 191

I

LEBENSBILD

Oswald v. Nell-Breuning – unbeugsam für den Menschen

Von Heribert Klein

Wenn der Prophet Jesaja recht hat, dann kann sich der Jesuitenpater Oswald v. Nell-Breuning glücklich schätzen: „Wer die hundert Jahre nicht erreicht, gilt als ein dem Fluch verfallener Frevler“ (vgl. Jes 65,20). Ob Jesaja wirklichkeitsnah dachte, als er dies schrieb? Die Patriarchen vor der Sintflut wurden jedenfalls noch älter, Adam brachte es auf neunhundertdreißig Jahre, Set auf neunhundertzwölf, Enosch auf neunhundertfünf und Metuschelach auf neunhundertneunundsechzig.

Gemessen an solchen Lebenszeiten, muß sich Oswald v. Nell-Breuning geradezu jung vorkommen. Doch am 8. März 1989 beginnt sein 100. Lebensjahr, und er ist damit an die Grenze gelangt, von der an er dem Fluch des Untergangs entgeht. Ist das der Lohn für ein asketisches Leben in einer schlichten Ordenszelle des Jesuitenkollegs Sankt Georgen in Frankfurt?

Würde man v. Nell-Breuning danach fragen, handelte man sich sein Unverständnis für solche Spekulationen ein. Spekulationen gehörten nie zu seinem Geschäft. „Ich bin kein hochgeistiger Denker, sondern ein brutaler Realist, der es mit ganz handfesten Problemen zu tun hat“, so zitierte Franz Henrich den Pater anläßlich der Verleihung des Romano-Guardini-Preises im März 1972. Als frommer Gottesmann erlangte der Jesuitenpater nicht Bekanntheit und Bedeutung. Freilich muß man einschränken: Seine Tätigkeit als Berater in den vielfältigsten Fragen des politischen und sozialen Lebens ist ohne seine Berufung zum Priester nicht denkbar. So sagte er im Schlußwort bei der Feier seines 90. Geburtstages in Köln: „Die Tätigkeit, die ich ausgeübt habe und die so rühmend erwähnt und gewürdigt worden ist, habe ich immer als priesterliche Tätigkeit verstanden, und ich glaube, daß sie weit über den Kreis der Kirche, der ich angehöre und als Priester diene, respektiert worden ist. Das verdankt sie zum guten Teil dadurch, daß man meine Wirksamkeit, mein Auftreten als priesterliche Wirksamkeit verstanden und gewürdigt hat. Was ich getan habe, das konnten an und für sich auch gläubige Christen tun, die keine geistliche Weihe besitzen, ja das allermeiste von dem, was ich getan habe, konnten sogar Nichtgetaufte, Nichtchristen tun. Und dennoch ist es etwas anderes in meinen Augen, wenn ein berufener und geweihter Diener der Kirche in dieser Weise zu wirken versucht, wenn er als Diener der Kirche die Botschaft Jesu Christi hineinträgt in die Welt und versucht, aus ihr für Gerechtigkeit und Freiheit die Folgerungen zu ziehen, die heute geboten sind. So habe ich nicht nur meine eigene Wirksamkeit verstanden, sondern auch die Aufnahme, die meine Wirksamkeit gefunden hat."

In der Hauptsache war Oswald v. Nell-Breuning Professor für Ethik, Moraltheologie und christliche Gesellschaftslehre an der Philosophisch-Theologischen Hochschule Sankt Georgen in Frankfurt a. M., genaugenommen seit 1928. Doch hätte das ausgereicht, um ihn zu der Person zu machen, die man am ehesten zu politischen und sozialen Themen um Rat fragte und sicher sein konnte, eine Antwort zu bekommen, die der Wahrheit der Sache verpflichtet war, nicht persönlichen Interessen? Die Gründe müssen irgendwo anders liegen.

Helmut Schmidt, der frühere Bundeskanzler, stellte treffend fest: „Als Theologe, Philosoph, Gesellschaftswissenschaftler, jeweils Fachmann von hohem Rang, vermochte er in seiner universalen Persönlichkeit alle Spezialisierung und Vereinzelung aufzuheben: ein exemplarisches Leben, ein Leben im Zusammenhang des Ganzen, an dem viele Maß nehmen konnten und Maß genommen haben, die ihren spezialisierten Aufgabenbereich auf das Ganze hin zu gestalten versuchen, damit ihr Wirken nicht Stückwerk sei."

Wer Maßstäbe setzt, muß damit rechnen, daß sie kritisch geprüft werden. Und an Kritikern hat es v. Nell-Breuning zeit seines Lebens gewiß nicht gemangelt. Doch sie hatten es nicht einfach. Der Jesuit und Wissenschaftler argumentierte auf der Basis sachlicher Analysen, und er vermied es, unter Bezug auf die kirchliche Autorität zu reden. Er war sich im klaren, daß solches der Überzeugungskraft nicht unbedingt förderlich sei.

Beispiel Mitbestimmung. v. Nell-Breuning schrieb dazu nicht ohne Hintersinn: „Wenn ich meinerseits nicht nur in Fragen der Mitbestimmung, sondern ganz allgemein, wenn es galt, mich für berechtigte Ansprüche oder Forderungen einzusetzen, immer seltener mich auf die Lehrautorität der Kirche bezogen und das Schwergewicht mehr und mehr auf die Sachgründe gelegt habe, so nicht deshalb, weil ich die moralische Autorität der Kirche heute geringer einschätze als früher, sondern um diese Autorität nicht *nutzlos* dem entwürdigenden Interessengezänk auszusetzen, wo jeder doch nur das gelten läßt, was ihm paßt."

Um so mehr konnte er frei reden, zur Sache und anderen ins Gewissen. Im Laufe der Jahrzehnte wurde er zu einer Autorität im ursprünglichen Sinn, also zum Urheber, Schöpfer, Förderer, Mehrer und, im übertragenen Sinn, zum maßgeblichen, verantwortlichen Ratgeber. Nach dem römischen Zwölftafelgesetz war ein Auctor der Verkäufer, der die Haftung übernahm, daß das Produkt, das er verkaufte, auch sein rechtmäßiger Besitz war. Er fühlte sich der Ware verantwortlich. Nicht anders ist v. Nell-Breuning mit all den Fragen umgegangen, die ihm, wie er sagen würde, „auf den Tisch gelegt wurden". Falsche Höflichkeit ist da wenig angebracht, das Ringen um Wahrheiten entbehrt der Sentimentalitäten.

Freilich gibt es auch den freundlichen, zuvorkommenden Jesuiten, der sich um andere sorgt. Darum ist es keine Ironie, die aus v. Nell-Breunings Worten spricht, vorgetragen bei der Verleihung des Ludger-Westrick-Preises: „Herr Bundespräsident, hochansehnliche Versammlung! Ich habe Ihnen zu danken. Es tut mir eigentlich leid, daß Sie um meinetwillen Ihre Zeit opfern mußten, in der Sie viele nützliche Dinge zur Ehre Gottes und zum Wohl der Menschen hätten tun können."

Wer Oswald v. Nell-Breuning in seinem Zimmer besucht, spürt bald die Freundlichkeit dieses alten Menschen, die nichts mit Anbiederung zu tun hat. Noch immer nimmt er alle Dinge sehr genau, verweist auf sein Ansehen, das er nicht verspielen dürfe, will sich darum nicht mehr zu aktuellen Themen und Fragen der Tagespolitik äußern. Seit knapp zwei Jahren lebt er zurückgezogen, veröffentlicht nichts mehr. Angesichts einer Liste von tausendachthundert Publikationen glaubt man sich einem geistigen Vulkan gegenüberzusitzen, der erloschen ist. Der Bruch des Oberschenkels, der für die meisten in so fortgeschrittenem Alter tödliche Konsequenzen hat, zwang ihn zur Ruhe, trotzdem er sich mittlerweile erstaunlich gut davon erholt hat. Seine Schreibmaschine ist zugedeckt; auf ihr schrieb er mit eigenen Händen seine Manuskripte. Heutzutage beantwortet er nur noch Briefe, und dies mit der unveränderten, ihn auszeichnenden Sorgfalt und Pünktlichkeit.

In diesem Zimmer in Sankt Georgen wohnt Pater

v. Nell-Breuning seit 1950, hier hat er gearbeitet, gedacht und Gespräche geführt. Eine Einsiedlerklause ist es nicht, in die er sich zurückzog, um weltentrückt meditieren zu können. Er drängte zwar nicht danach, ließ sich aber bereitwillig ans Licht der Öffentlichkeit ziehen, um manch politisches Dunkel zu erhellen. Seine entscheidende Stärke war darum seine Sachkompetenz, sein unvoreingenommenes Urteil.

Woher rühren solche ungewöhnlichen Eigenschaften, waren sie Ergebnis einer strengen Erziehung, in der die spätere Ordensdisziplin vorweggenommen wurde? Die Antwort darauf fällt schwer, und auch v. Nell-Breuning vermag sie nicht recht zu geben. Dennoch scheint sich in seiner Jugend Wesentliches angebahnt zu haben, was später in jahrzehntelanger Arbeit wiederkehrte.

1. Erinnerungen an die Jugendzeit

Oswald v. Nell-Breuning wurde geboren im Jahre 1890, als Bismarck, der Staatslotse, von Bord ging. Im gleichen Jahr lief das „gegen die gemeingefährlichen Bestrebungen der Sozialdemokraten" gerichtete Sozialistengesetz ab, drei Jahre zuvor wurde der Kulturkampf zwar beendet, v. Nell-Breunings späterer Orden blieb aber in Deutschland verboten. Die Konfrontation zwischen Arbeitern und Unternehmern wuchs. Gerade bei den Letztgenannten, die Karl Marx als „Kapitalisten" bezeichnete, war die Furcht vor dem Sozialismus groß. Alfred Krupps Ansprache, die er 1877 an seine Werksangehörigen verteilen ließ, ist charakteristisch für die Stimmung in dieser Zeit: „Was ich nun hiermit ausgesprochen habe, möge jedem zur Aufklärung dienen über die Verhältnisse und deutlich machen, was er zu erwarten hat von Handlungen und Bestrebungen im Dienste des Sozialismus. Man erwärmt keine Schlange an seiner Brust, und wer nicht von Herzen ergeben mit uns geht, wer unseren Ordnungen widerstrebt, der beeile sich, auf anderen Boden zu kommen, denn seines Bleibens ist hier nicht. Es wird eine Bestimmung meines letzten Willens sein, daß stets mit Wohlwollen und Gerechtigkeit das Regiment geführt werden soll, aber äußerste Strenge soll gehandhabt werden gegen solche, die den Frieden stören wollen, und wenn bis jetzt mit großer Milde verfahren wurde, so möge das niemanden verleiten."

Die hundert Jahre, die seitdem vergangen sind und die v. Nell-Breuning erlebt hat, haben die Gesellschaft verändert, durch Reformen, Revolutionen, tiefreichende Umbrüche, nicht zuletzt durch Kriege. Wovon ist der Jesuitenpater nicht alles Zeuge! Lassen wir den historischen Film im Zeitraffer vorbeilaufen: Als der Erste Weltkrieg ausbricht, steht v. Nell-Breuning im vierundzwanzigsten Lebensjahr, vier Jahre später geht das Kaiserreich zu Ende. Die Weimarer Republik entsteht, latent gefährdet von inneren und äußeren Gegnern. Wirtschaftskrisen tragen dazu bei, daß dieses deutsche Staatsgebilde schnell untergeht. Die Nationalsozialisten übernehmen das Ruder, mit unseligem Fahrtziel. Deutsche lösen den Zweiten Weltkrieg aus, fünfundzwanzig Millionen Menschen kostet dieser Krieg schließlich das Leben. Das Tausendjährige Reich endet nach wenigen Jahren im totalen Desaster. Mühsam beginnt der Wiederaufbau, 1949 wird die Bundesrepublik Deutschland gegründet. Seitdem sind vierzig Jahre vergangen, ohne Krieg, mit gewaltigen Leistungen im Wiederaufbau. Wohl gibt es Konflikte und Streitereien über den richtigen Weg – Oswald v. Nell-Breuning gehört zu denen, die Wegmarken gesetzt haben.

Doch könnte man diese hundert Jahre auch anders beschreiben, aus der Sicht des „Nestors der katholischen Soziallehre", wie er oft genannt wird. Am Anfang dieser Beschreibung stünde die Feststellung: v. Nell-Breuning ist ein Jahr älter als die katholische Soziallehre. Sie begann offiziell erst mit der Enzyklika „Rerum novarum", die Papst Leo XIII. am 15. Mai 1891 veröffentlichte. Deren erste Worte „Der erwachte Wille nach Neuem" wurden zu einem der Ecksteine im Lebensgebäude des Paters.

Wer ihn selbst nach einem Grund für sein Engagement auf sozialpolitischem Gebiet fragt, erhält zwei Antworten. Die eine resultiert aus persönlichen Begegnungen mit einem Priester und einem Studenten:

„Irgendwie hatte ich wohl von Hause aus für diese Dinge Interesse oder Anlage. Und den unmittelbaren Anstoß, den habe ich bekommen einmal durch Carl Sonnenschein und zum anderen Mal durch Ludwig Wolker. Sonnenschein fing, als ich zur Universität kam, mit seiner sozialen Studentenarbeit an. Und da bin ich ihm zum Opfer gefallen. Wir haben uns zwar gar nicht vertragen – seine charismatische und enthusiastische Art und meine nüchterne Sachlichkeit, das funktionierte nicht miteinander. Aber immerhin, es war einmal der Impuls. Er und dann Wolker; das ging folgendermaßen: Da war in München in meinem zweiten Semester irgendeine Veranstaltung, dort war auch Ludwig Wolker, der damals einen Schnurrbart trug. Er sprach mich an, sie hätten da in München ein Arbeiter-Unterrichtswerk; jede Woche einen Abend von 20 bis 22 Uhr fänden sich in mehreren Schulen Arbeiter ein, denen Studenten das wieder beibrächten, was sie von der Volksschule her inzwischen verschwitzt haben, also Rechtschreiben, Rechnen und dergleichen mehr; ob ich bereit sei, mitzumachen. Da hab' ich also mitgemacht, und es hat mir sehr gefallen. Im folgenden Wintersemester 1909/10 in Berlin habe ich dasselbe gemacht … Dort sind wir jede Woche einen Abend die zwei Stunden zusammen gewesen, und dann zogen wir in eine Kneipe und saßen von 22 Uhr bis Mitternacht da zusammen und tranken Selterswasser; denn diese sozialistischen Arbeiter waren damals alle abstinent … Das sind so die Anfänge meiner Sozialarbeit."

Der andere Grund war sachlicher Natur, er wurde als „deutscher Gewerkschaftsstreit" bekannt. v. Nell-Breuning erklärte selbst, worum es hier ging: „Es handelte sich dabei um die Frage, die wesentlich in katholischen Kreisen spielte, ob der katholische Arbeiter nur dem katholischen Standesverein angehören durfte, oder ob er auch Mitglied einer Gewerkschaft sein dürfe, und speziell, ob diese Gewerkschaft dann eine konfessionell katholische sein müsse oder eine interkonfessionelle christliche sein könne. In den neunziger Jahren des vorigen Jahrhunderts hatten sich viele, ganz aus ihrem Glauben lebende katholische Arbeiter aus der freien Gewerkschaft, insbesondere dem Alten Verband im Ruhrgebiet, gelöst, in der Erkenntnis, daß in deren atheistischem Klima für einen gläubigen Christen einfach kein Bleiben sein konnte. Sie hatten christliche Gewerkschaften gegründet mit dem Vorsatz, auch evangelische Christen aufzunehmen. Dabei hatten sie darauf vertraut, in diesen Bestrebungen nicht nur das Einverständnis der Kirche zu erlangen, sondern von ihr ermutigt und unterstützt zu werden. Das Gegenteil trat ein, sie bekamen vorgehalten, es sei eine Gefahr für die Reinheit ihres Glaubens, wenn sie sich gemeinsam mit nichtkatholischen Christen organisierten; es haben auch noch andere Momente mit hineingespielt. Diese Behandlung katholischer Arbeiter durch die Kirche hat mich derartig empört, daß ich es, wie ich heute rückschauend sagen darf, beinahe als eine Lebensaufgabe angesehen habe, das wiedergutzumachen. (…) Wie damals katholische Arbeiter wegen der Haltung ihrer Seelsorger in dieser Frage gelitten haben, das hat, möchte ich sagen, mein Leben geprägt."

Doch es war nicht nur das. Oswald v. Nell-Breuning wurde in Trier geboren, das damals noch ein Teil Preußens war. Er stammt aus einer begüterten Familie, der Vater war Besitzer eines großen Landguts, zu dem auch Weinberge gehörten. Die Mutter kam aus angesehenem Haus. Ihr Vater war Landgerichtspräsident in Köln, später in Koblenz. Oswald ist der einzige Sohn, früh hat er den Wunsch, Priester zu werden, fühlt dies als seine wahre Berufung. Doch er spürt die Erwartung, den Bestand der Familie fortsetzen zu müssen. Darum wirkt es auf ihn wie eine Befreiung, als seine Mutter ihm, dem Primaner von sechzehn Jahren, offenbart, daß sie wieder ein Kind erwartet. Nachdem er einen Bruder hat, fühlt er sich frei, seinem eigentlichen Berufsziel, dem Priestertum, nachzugehen.

Manch einer wundert sich darüber, vor allem in preußischem Gebiet. Die Frau des Regierungspräsidenten fragt v. Nell-Breunings Mutter, was ihr Sohn nach dem Abitur studieren wolle. Als diese antwortet: „Theologie", kommentiert die Dame mitleidig: „Ach, reicht es nicht zu mehr?" Sie bemerkt den Ausrutscher und versucht mit den Worten zu beschwichtigen: „Na ja, dann wird Ihr Sohn eben Bischof von Trier." So waren damals die preußischen Vorstellungen: Reicht es nicht für den Dienst als preußischer Regierungsrat, dann vielleicht für einen katholischen Bischofsstuhl.

Das Gymnasium in Trier, an dem v. Nell-Breuning die Reifeprüfung absolvierte, hatte einen anderen berühmten Abiturienten: Karl Marx. Bei Joseph Kardinal Höffner, der Jahrzehnte später an der gleichen Schule die Matura erwarb, lesen wir: „Am Dienstag, dem 22. September 1835, morgens acht Uhr – so berichtet das Protokoll – legte am

Friedrich-Wilhelm-Gymnasium zu Trier ein 17jähriger Oberprimaner die mündliche Reifeprüfung in evangelischer Religion ab. Es wurde ihm die Aufgabe gestellt, die drei ersten Verse des 14. Kapitels bei Johannes auszulegen, die Worte Christi: ‚Glaubt an Gott und glaubt an mich. Im Hause meines Vaters sind viele Wohnungen. Ich gehe hin, euch einen Platz zu bereiten.' Daran anschließend wurde er über die Unsterblichkeit der Seele gefragt – eine Prüfung über die christliche Botschaft von der göttlichen Berufung des Menschen und seiner ewigen Heimat bei Gott, eine Prüfungsfrage, wie sie der evangelische Religionslehrer treffender nicht hätte stellen können, wenn er das Lebensschicksal und die weltgeschichtliche Bedeutung jenes Abiturienten vor sich gesehen hätte. Denn der Siebzehnjährige ist kein anderer als Karl Marx gewesen, der Begründer des dialektischen Materialismus, für den es keine ewigen Wohnungen gibt."

Jahre später schlug Marx zur Lösung sozialer Probleme andere Wege vor als christliche. Zwar gab es in den zwanziger Jahren des 19. Jahrhunderts durchaus katholische Soziallehrer, die zu den Problemen der damaligen Zeit eigene Vorschläge machten – Franz von Baader und Peter Franz Reichensperger sind nur zwei von ihnen –, doch hatten sie längst nicht die Wirkung wie Karl Marx und blieben für die breite Masse unbeachtet. Bis heute vertritt v. Nell-Breuning die Meinung, bekämpfen könne man Marx nur, indem man ihn ernst nimmt und sich mit seiner Lehre auseinandersetzt, nicht indem man sie beiseite läßt. Das freilich war und ist noch immer nicht selbstverständlich.

Schon Friedrich Naumann, der 1896 den „National-Sozialen Verein" gründete und später der erste Vorsitzende der Deutschen Demokratischen Partei war, schrieb im Jahre 1894: „Es ist nicht ausgeschlossen, daß da und dort ein junger Freund von Marx so umsponnen wird, daß er Christum aus den Augen verliert. Aber wo etwas geleistet werden soll, ist immer Gefahr. Wer den jungen Leuten zuruft: Schließt eure Augen, wenn ihr Marx vorübergehen seht!, der kann recht liebende Menschen erziehen, aber keine Männer, die hart genug sind für den Kampf, der uns bevorsteht. Wen wollen wir denn schließlich gewinnen? Doch gerade das Volk, das heute schon sozialdemokratisch ist oder es morgen wird."

Zeit seines Lebens waren Marx und seine Theorien Gegenstand wissenschaftlicher Untersuchung Oswald v. Nell-Breunings. Manchem wurde der Jesuit dadurch verdächtig. Man hielt ihm vor, Leute wie Franz v. Baader hätten Marx doch vorweggenommen. 1980 nahm v. Nell-Breuning zu den Vorwürfen Stellung: „Karl Marx ist für die katholische Soziallehre der große Gegner, dem sie ihren Respekt erweist, indem sie sich mit allem Ernst und in aller Härte mit ihm auseinandersetzt."

Der frühere Bundesminister Georg Leber erinnert sich: „Wenn die Rede auf Karl Marx kam, habe ich v. Nell-Breuning mehr als einmal sagen hören: ‚Das Schlimmste an dem Marx war, daß er keiner von uns war!' Er wollte damit ausdrücken, daß ‚keiner von uns' sich damals rechtzeitig aufgemacht und sich zum Denker und Vorkämpfer für die Verbesserung der Lage der Arbeiter gemacht hat, als sie rechtlos, ausgebeutet, ohne Hoffnung, diskriminiert und in Not waren." Nur auf diesem Hintergrund ist zu verstehen, was v. Nell-Breuning 1952 beklagte, nämlich „daß die zutreffende Zergliederung und Entlarvung der kapitalistischen Klassengesellschaft nicht von einem christlichen Sozialwissenschaftler unter dem Antrieb der christlichen Liebe, des christlichen Gerechtigkeits- und Wahrheitssinnes geleistet worden ist, sondern einem Atheisten und Materialisten vorbehalten blieb".

Häufig führte das zu dem Fehlschluß, v. Nell-Breuning sei ein Anhänger der Marxschen Lehren. Mehr als andere weiß er um die Gefahr des Marxismus, und dennoch: er ist nicht achtlos an ihm vorbeigegangen.

Vielleicht liegt der Grund dafür an v. Nell-Breunings eigenen Erfahrungen. 1891, ein Jahr nach seiner Geburt, als die erste Sozialenzyklika veröffentlicht wurde, gab sich die deutsche Sozialdemokratie das „Erfurter Programm". Damit, so meinte der Jesuitenpater, sei sie „ganz auf die Marxsche Linie eingeschwenkt und habe sich auf den weltanschaulichen Marxismus festgelegt. Auch die ‚freien' Gewerkschaften machten das mit und wurden marxistisch-sozialistisch. Für gläubige Christen war bei ihnen kein Platz mehr, mit einer Unduldsamkeit, die man sich heute nicht mehr vorstellen kann, wurden sie beschimpft, verhöhnt, wurde ihnen das Leben im Betrieb und am Arbeitsplatz unerträglich gemacht."

2. Entscheidung für den Priesterberuf

Die damalige Situation läßt sich für denjenigen, der es nicht direkt miterlebt hat, nur erahnen. Oswald v. Nell-Breuning kann uns davon ein lebendiges Bild vermitteln. Wer ihn danach fragt, dem verschließt er sich nicht.

Leicht zurückgelehnt in seinem Holzstuhl mit kurzen Armlehnen sitzt er, die Arme verschränkt, weniger zur Gebetshaltung, eher zur gedanklichen Konzentration. Hinter ihm eine Regalwand mit vielen Einlegefächern. Dennoch wähnt man sich nicht in einem Büro, trotz der betont einfachen Ausstattung. Vor dem mächtigen Schreibtisch steht ein kleiner Tisch, an dem schon viele Besucher Platz genommen haben: Bundeskanzler, Gewerkschaftsführer, Unternehmer, Wissenschaftler. An der

Tür zu diesem kargen Zimmer hängt v. Nell-Breunings Namensschild, schlicht, unauffällig. Drinnen blickt man auf viele Bücher, die in Regalen ordentlich verstaut sind. Manche dürfte der Jesuitenpater selbst geschrieben haben – eine einzigartige Versammlung geistiger Erzeugnisse, im Laufe eines langen Lebens entstanden, im Wert meßbar an der Verbesserung der Bedingungen des sozialen Lebens der Menschen.

Die Bitte um ein längeres Gespräch wundert ihn. Als ein Mensch, dem auch das rhetorische Mittel der ironischen Untertreibung nicht fremd ist, antwortet er zunächst schriftlich: „Zu einer unverbindlichen Aussprache stehe ich Ihnen gern zur Verfügung. Mehr als ein Rückblick auf den Lebensweg, den Gott mich geführt hat, kann dabei nicht herauskommen." Erwartet man mehr von einem tatsächlichen „Zeugen des Jahrhunderts", der nicht nur spannend wie kaum ein anderer über nunmehr fast hundert Jahre berichten kann, sondern auch an vielen sozialen und politischen Errungenschaften ideell beteiligt war?

Weit geöffnet ist die schmale Toreinfahrt zur Hochschule Sankt Georgen – Symbol für die weltoffene Atmosphäre des Jesuitenkollegs? Die Bitte, früher als verabredet bei Pater v. Nell-Breuning vorgelassen zu werden, kommentiert der Pförtner kühl, wohl aus guter Kenntnis der Person: „Ich kann Ihnen nichts versprechen. Uhrzeiten nimmt der Pater sehr genau."

Nicht nur Uhrzeiten. Genauigkeit ist Teil einer Lebensweise, die dem Ordensmann zur Lebensregel geworden ist. Diesmal läßt er Gnade vor Recht ergehen, kommt sogar auf dem Gang entgegen – Höflichkeit eines Menschen, der seine Zuhörer und Diskussionspartner nicht nur einmal mit Schärfe, Schroffheit oder Sarkasmus schokkierte. Der Empfang ist herzlich, nicht anbiedernd, eher abwartend. v. Nell-Breuning ist ein Mann mit klaren

Grundsätzen, die zuweilen von ironischen Nebentönen untermalt werden.

Ein Beispiel aus früher Kindheit, von ihm selbst erzählt und darum so bezeichnend: „Bei der 200-Jahr-Feier der Erhebung Preußens zum Königreich (am 18.1.1901) sollte ich in der Volksschule ein Gedicht aufsagen. Da ich es schlecht gelernt hatte, blieb ich stecken. Für den Lehrer war mein Versagen sehr peinlich, weil es ihm als mangelnde Erziehung zur Königstreue zur Last gelegt wurde. Wie ich damals die Blamage empfunden habe, weiß ich nicht. Heute ist mir die Erinnerung daran belustigend, damals schon solch rheinländische Zurückhaltung gegenüber dem östlichen Preußen bewiesen zu haben."

Sein Verhältnis zu Preußen war differenziert, wenngleich man einige der Tugenden v. Nell-Breunings durchaus als preußisch bezeichnen könnte. Sein Großvater mütterlicherseits, der einige Jahre vor der Geburt seines Enkels gestorben war, wurde von König Wilhelm I. sehr geschätzt. Oswald v. Nell-Breuning achtete durchaus auch die Pflichtenethik Kants, die das preußische Beamtentum kennzeichnete. Sein Urteil ist jedoch eindeutig: „Als Trierer und damit Linksrheinischer war ich aber, seitdem ich politisch denken kann, immer Muß-Preuße und habe dem durch den Kontrollrat aufgelösten Staat ‚Preußen' keine Träne nachgeweint."

Wie äußert sich seine Achtung vor der Pflichtenethik Kants? Fortwährend war v. Nell-Breuning bemüht, sich verständlich auszudrücken. Nicht im umgangssprachlichen Sinn: „Verständlich" hängt mit dem Einsatz des Verstandes zusammen, mit Klarheit und Präzision im Ausdruck. „In allem, was ich rede oder schreibe, lege ich größtes Gewicht auf genaue Begriffe", antwortet der Pater in diesem Zusammenhang. „Meine Überzeugung ist, wir würden uns viel Streit ersparen, wenn wir immer begrifflich klarmachten, was wir genau meinen, und uns vergewisserten, daß der Gesprächspartner mit seinen Worten dasselbe meint wie wir. Dazu muß man aber zuerst einmal genau wissen, was man selber meint und mit den großen Worten, die man gebraucht, zum Ausdruck bringen will. Die große Mehrheit wissenschaftlicher und praktisch-politischer Streitigkeiten beruht auf Mißverständnissen; man redet aneinander vorbei! Man muß es auf sich nehmen, den Leser durch Genauigkeit zu ermüden."

Diese Methodik ist freilich alles andere als populär. Zwar hat dieses Jahrhundert Instrumente hervorgebracht, mit denen man sehr genau die Zeit messen kann, aber im gleichen Zuge haben die Menschen kaum noch Zeit. Diese muß man aber mitbringen, um sich in die Schriften v. Nell-Breunings zu vertiefen, die immer auch die Mühe des Denkens dokumentieren.

Eine Kritikerin habe ihm einmal vorgeworfen, er käme in seinen Veröffentlichungen immer nur bis zu den Begriffen, nie zu den Gegenständen, erzählt der Autor zahlreicher Bücher, Aufsätze, Beiträge und Lexikonartikel. Andere Kritiker sehen darin eine typisch jesuitische Denkweise, die zu sehr der Logik der Sache und zu wenig der praktischen Lösung des Problems verpflichtet ist. Doch wie lassen sich Probleme lösen, wenn man sie nicht zunächst analysiert und begrifflich erfaßt?

Ohne Zweifel hat der Jesuitenorden Oswald v. Nell-Breuning wesentlich geprägt. 1911, d.h. im Alter von 21 Jahren, trat er ihm bei. Zur Begründung dieser Entscheidung führt er die Hoffnung an, daß speziell dieser Orden ihm die erforderliche persönliche Reife und charakterliche Durchformung ermöglichte, die ihm nach eigener Einschätzung damals noch fehlte. „Aus dieser Einsicht habe ich den sicher schweren Verzicht auf mich genommen, die Priesterweihe um viele Jahre hinauszuschieben."

Er erhielt sie erst 1921, also zehn Jahre später. Hat er je die Entscheidung bereut, Mitglied der „Gesellschaft Jesu" geworden zu sein? Der Pater verneint die Frage.

Das zweijährige Noviziat absolviert v. Nell-Breuning wegen des Verbots des Jesuitenordens seit 1872 in Deutschland in Valkenburg in Holland – erst 1917 wurde dieser Makel aus der Zeit des Kulturkampfs durch die Verbotsaufhebung beseitigt. Das Studium beginnt er mit den Fächern Mathematik und theoretischer Physik – für einen Priester in der Zeit vor dem Ersten Weltkrieg ein normales Vorhaben. Denn es war die Zeit der scharfen Auseinandersetzung der Kirche mit den modernen Naturwissenschaften. Genau auf diesem Feld sah v. Nell-Breuning seine Aufgabe und machte sich kundig, zumindest für die Dauer von vier Semestern. Auf Veranlassung des Bischofs bricht er danach dieses Studium ab, um mit dem Theologiestudium zu beginnen.

3. Widerstand gegen religiösen Totalitarismus

Das Problem, das in jener Zeit aus kirchlicher Sicht auf den Nägeln brannte, war der sogenannte Integralismus-Streit. Was ist darunter zu verstehen? Im „Lexikon für Theologie und Kirche" (Bd. V, 2. Aufl. 1960) gibt v. Nell-Breuning im entsprechenden Artikel klare Auskunft: „Integralismus ist der Name für einen religiösen Totalitarismus, der aus dem Glauben (allein) die Antwort auf alle Fragen des privaten und öffentlichen Lebens entnehmen will, folgerecht den verschiedenen Kultursachgebieten nicht nur die absolute, sondern auch eine relative Eigenständigkeit abspricht und sie (oder mindestens die Betätigung der Gläubigen in diesen Bereichen) grundsätzlich der potestas directa der Kirche unterstellen will.

Einen Höhepunkt erreichte dieser Integralismus zur Zeit des Modernismus, sozusagen als dessen Antipode. Man wollte alles ‚aus dem Katholischen heraus' gestalten. In Deutschland bekämpfte man das Zentrum und die Christlichen Gewerkschaften; aus ersterem wollte man eine Art bracchium saeculare der Kirche machen, statt letzterer Fachabteilungen in den katholischen Arbeiterstandesvereinen unter geistlicher Leitung einführen. Besonders gefährlich war das Spiel, das ein von Msgr. U. Benigni geleiteter, straff organisierter Geheimbund hinter dem Rücken Pius' X. von Rom aus trieb; selbst Bischöfe wurden maßlos verketzert und so die Gläubigen teils verwirrt, teils verbittert. Mit dem Regierungsantritt Benedikts XV. war dieses Spiel ausgespielt; der Erste Weltkrieg machte dieser Phase des Integralismus den Garaus. Völlig erstorben ist der Integralismus jedoch nicht."

Die Art und Weise, wie v. Nell-Breuning den Lexikonartikel verfaßt, offenbart mehr als einen bloßen Sachverhalt: die Ablehnung jedweder Art von religiösem Totalitarismus, der letztlich gegen das gerichtet ist, was er zu schützen bemüht ist, nämlich die Würde des Menschen. Wenn man mit Pater v. Nell-Breuning hierüber spricht, spürt man bald sein entschiedenes Eintreten für den Menschen und gegen Irrtümer, gerade dann, wenn sie von der Kirche vorgetragen werden. Die leise, leicht näselnde Stimme ändert sich, die Schärfe und Kühle v. Nell-Breunings Aussagen wird gelegentlich nur durch einen rheinischen Tonfall gemildert, der das „g" zum „j" umfärbt und gesanglich macht. Aber paßt der eher romantische Klang zum nüchternen Jesuitenpater? Nein, wenn schon, dann Atonalität, um im Musikalischen zu bleiben.

Die Haltung der Bischöfe in der Zeit vor dem Ersten Weltkrieg war aus heutiger, nicht aus damaliger Sicht, kritikwürdig, wie v. Nell-Breuning selbst berichtet: „Im sogenannten ‚deutschen Gewerkschaftsstreit' ging es um die Haltung der Mehrzahl der deutschen Bischöfe, die bikonfessionelle christliche Gewerkschaften ablehnten, was heute niemand mehr versteht. Objektiv taten sie den katholischen Arbeitern, die sich von den ‚freien' sozialistischen, tatsächlich militant atheistischen Gewerkschaften abkehrten, schweres Unrecht an. Das habe ich in meiner frühen Jugend mit tiefem Schmerz miterlebt, mich aber darüber nicht empört, weil es kein böser Wille, sondern nur beklagenswerter Irrtum war. Daß ich daran habe mitwirken dürfen, dieses Unrecht wiedergutzumachen, zählt zu meinen beglückendsten Lebenserinnerungen."

Viele haben daraus einen Dissens v. Nell-Breunings zu seiner Kirche konstruiert und ihm Beifall von der falschen Seite gespendet. Bei aller Kritik an der Kirche sagt er ohne Einschränkung: „Wenn ich jemals Anlaß haben sollte, über etwas, das die Kirche tut oder unterläßt, Empörung zu empfinden, würde ich das still für mich behalten, aber nie öffentlich äußern."

1980, anläßlich der Vollendung seines 90. Lebensjahres, verliehen ihm die deutschen Bischöfe im Rahmen einer Festakademie in den Kölner Börsensälen die Goldene Bonifatius-Plakette. Für den so geehrten Jesuiten war es eine Gelegenheit zu einer Art Klarstellung: „Manchmal ist die Frage aufgeworfen worden, in kirchlich gläubigen oder wie die Redewendung geläufig ist, kirchlich gebundenen Kreisen, noch mehr aber glaube ich in außerkirchlichen Kreisen, ob denn wirklich meine Kirche mit dem einverstanden sei, was ich vertrete, d.h. nicht mit allen Einzelheiten meiner wissenschaftlichen und sagen wir auch praktisch politischen Überzeugung, aber doch mit der grundsätzlichen Haltung. Steht deine Kirche hinter dir? Die heutige Veranstaltung (...) räumt den letzten Zweifel aus; sie gibt mir, gibt aber auch denen, die mir im Leben begegnen, die Gewißheit, ich weiß, ich gehe den Weg, auf den meine Kirche mich gerufen und auf den sie mich ausgesandt hat. Dafür danke ich der Deutschen Bischofskonferenz, dafür danke ich all denen, die mitgewirkt haben, und dafür danke ich meinem Herrn und Gott."

Wer Pater v. Nell-Breuning kennt, weiß, daß diese Sätze mehr sind als eine Ergebenheitsadresse. Mit Bedacht erwähnt er die „grundsätzliche Haltung", in der seine Kirche und er übereinstimmen. Doch der Grundkonsens ist zugleich auch die Unterscheidungsgrenze. Denn bei Einzelfragen gab es Unterschiede in der Beurteilung, und Kompromisse bei der Suche nach Wahrheiten ist v. Nell-Breuning nie eingegangen, weder bei Politikern, Gewerkschaftern noch bei Bischöfen – eine Möglichkeit, die nur der Unabhängige hat.

Drehen wir die Geschichte um fünfundsiebzig Jahre zurück, in die Zeit des Ausbruchs des Ersten Weltkrieges: Oswald v. Nell-Breuning wird zunächst im Pflegedienst eingesetzt, dafür aber bald als ungeeignet befunden und für den Bürodienst bestimmt.

Was war das damals für eine Zeit? In Deutschland, so erinnert sich v. Nell-Breuning, habe die Überzeugung vorgeherrscht, das Land sei zu Unrecht angegriffen worden, der Krieg darum nur eine rechtmäßige Verteidigung. Ein griffiges Motto lautete: „Gott strafe England!" Der Feind saß also jenseits der norddeutschen Küste. In einer englischen Zeitung war zu lesen, wenn Deutschland vernichtet wäre, würde jeder Engländer automatisch doppelt so reich. Diese Geschichte sei den Menschen in Deutschland immer und immer wieder als Schreckensvision aufgetischt worden. Brauche man sich da zu wundern, wenn die Deutschen guten Gewissens in den Krieg zogen, daß die Ziele, für die sie kämpften und starben, den Einsatz wert waren?

Freilich sagt Pater v. Nell-Breuning auch, historischwissenschaftlich gesehen habe er noch heute kein genaues Urteil darüber, wie die Lage insgesamt zum Zeitpunkt des Kriegsbeginns zu beurteilen gewesen sei. Die Kirche allerdings, allen voran Papst Benedikt XV., habe im Kriegsausbruch eine bedrückende Angelegenheit gesehen. Der Papst sei bis an den Rand des Möglichen gegangen, um seinen Einfluß zur Verhinderung schlimmer Dinge einzusetzen.

Auch hier weiß v. Nell-Breuning die Situation mit einer Anekdote zu verdeutlichen. Die Art, wie er sie vorträgt, widerlegt die Meinung, der Soziallehrer sei der Unnahbare, der Abweisende, der nur streng wissenschaftlich Denkende gewesen. Ein verhaltenes Lächeln erkennt man an seiner Miene, leicht legt er sich zurück in seinen Holzstuhl mit kurzen Armlehnen und berichtet von der Zeit, in der er während des Krieges im Bürodienst eingesetzt war: „Das Lazarett lag vor Verdun, und zwar im Frontabschnitt anstatt in der sogenannten ‚Etappe'. Deswegen kamen Zweifel auf, von welchem Proviantamt das Lazarett zu beliefern sei. Das Proviantamt rief an und fragte, wohin wir gehörten. Ich nahm den Anruf an und sagte, wir seien bei der 30. ID (das heißt bei der 30. Infanterie-Division). Darauf der Anrufer: ‚Das genügt nicht; wir müssen wissen, ob Sie zur 30. ID *gehören.*' Darüber bestand keine Klarheit. Deshalb ich: ‚Wenn wir zum IV. Reserve-Korps gehörten, würde ich mich dorthin wenden.' Damit gab der Anrufer sich zufrieden und belieferte uns weiter. Der Inspektor, der eigentlich dazu berufen gewesen wäre, die Anfrage zu beantworten, atmete erleichtert auf mit der Bemerkung: ‚Gut, daß der Jesuit am Apparat war; ich hätte lügen müssen.'"

Nach der Tätigkeit im Sanitätsdienst wird v. Nell-Breuning als nicht mehr kriegsverwendungsfähig entlassen. In der Zeit zwischen 1916 und 1920 ist er als Erzieher in Feldkirch/Vorarlberg tätig und wird im Herbst desselben Jahres nach Innsbruck geschickt, um dort sein Theologiestudium fortzusetzen. Fünf Monate später wird er zum Priester geweiht.

4. Tätigkeit als Wissenschaftler

Ein Priester arbeitet nach der Weihe in der Regel zuerst in einer Gemeinde. Diese Erfahrung ist Pater v. Nell-Breuning, dem sozialen Denker, der sich um den Menschen sorgt, nie zuteil geworden. Ein Leben lang, so bekannte er in einem Interview, habe er sich zwar mit sozialen Fragen befaßt, sei aber selbst, in buchstäblicher Bedeutung, eher „a-sozial", wenig direkt mit den Menschen befaßt gewesen. Seine Ordensobern, die ihn entsprechend seinen Fähigkeiten einsetzten, haben wohl erkannt, daß v. Nell-Breunings Stärken sich nicht unbedingt in der praktischen Seelsorge entfalten ließen. Jedenfalls wurde der Jesuitenpater in den ersten drei Jahren nach der Priesterweihe mit Vortragsaufgaben betraut. Über die Gründe für diese Entscheidung macht er sich keine Illusionen: „Ich sollte vielleicht mitteilen, daß ich nicht nur nicht musisch, sondern auch nicht mit einem ausgesprochenen Affektleben begabt bin, ja, daß ich gewissermaßen mit dem Merkmal der Nüchternheit gebrandmarkt bin. Ich weiß, daß ich auf Mitmenschen meist sehr ernüchternd wirke. Das muß ich in Kauf nehmen, wie jeder mit den Gaben arbeiten muß, die der Herrgott ihm gegeben hat."

Mit durchdringendem Blick und wachen Augen, die keiner Brille bedürfen, schaut er den Besucher an. Konzentriert, mit wohlwollender Aufmerksamkeit hört er zu und beantwortet Fragen – freundlich und mit Achtung vor seinem Gegenüber, auch wenn ihm manches überflüssig erscheinen mag. Sein lakonischer Kommentar dazu: „Darüber habe ich mir noch keine Gedanken gemacht, darum kann ich Ihnen keine Antwort darauf geben." Jede Art von Hurrastimmung und Ausgelassenheit ist ihm fern, dazu liegt ihm zu sehr die Strenge. Gleichwohl teilen sicherlich alle, die Pater v. Nell-Breuning jemals besucht haben, auch diese Erfahrung: Er ist ein ausgesprochen zuvorkommender, höflicher Mensch. Er läßt es sich nicht nehmen, den Gast nach dem Besuch auf den Gang zu begleiten, mit einer Hand auf den Stock gestützt: „Es gibt zwei Möglichkeiten, nach unten zu kommen", sagt er, „entweder mit dem Aufzug oder über die Treppe. Ich habe immer die Treppe benutzt." Wer brächte es da fertig, angesichts der direkten, aber gut gemeinten Aufforderung eines fast Hundertjährigen, sich in der Kabine nach unten befördern zu lassen?

Kehren wir zurück in die Mitte der zwanziger Jahre. Als junger Jesuit wird v. Nell-Breuning nach Berlin geschickt, um Nachfolger des Nationalökonoms Heinrich Pesch zu werden. Ihm gegenüber äußerte er, es werde eine wichtige Aufgabe sein, sein fünfbändiges Lehrbuch der Nationalökonomie in einem Band zusammenzufassen. Pesch sah darin eine grobe Verkennung seines Lebenswerkes und lehnte ihn als seinen Nachfolger ab. An seiner Stelle wurde Gustav Gundlach für diese Aufgabe berufen.

Der Pesch-Biograph Franz Mueller schreibt zu dieser Anekdote: „Der immer ‚sachliche', logisch-juristisch, folgerichtig, nüchtern denkende v. Nell-Breuning fand es unausstehlich, wenn Pesch im Gespräch nicht immer ‚bei der Sache' blieb, liebenswürdig reagierte, wo eine Scheidung der Geister nötig zu sein schien, wenn er durch eingestreute Erzählungen und Witze vom ‚Thema' abgedrängt wurde oder wenn Pesch sich in gewissen praktischen Sparten des Wirtschaftslebens – wie z. B. des Bank- und

Börsenwesens – als nicht genügend informiert erwies. Pater v. Nell-Breuning hatte übrigens auch, wie Gundlach in seinen erwähnten, noch ungedruckten ‚Erinnerungen' berichtet, gleich in unbekümmerter Wahrheitsliebe die Auffassung geäußert, das ‚Lehrbuch' des Meisters müsse von fünf auf zwei Bände reduziert werden. Das würde dem Ganzen das Beste sichern, nämlich den in allen Teilen durchsichtigen Zusammenhang im Grundgedanken des Solidarismus. O. v. Nell-Breuning war, als er dieses Urteil fällte – und es war tatsächlich mehr ein Richterspruch als ein Vorschlag –, ungefähr 34 Jahre alt, Pesch 70."

Im Jahre 1928 tritt Pater v. Nell-Breuning endgültig an die Öffentlichkeit. Er tut es mit einer wissenschaftlichen Arbeit, genaugenommen seiner Promotionsschrift zum Thema „Grundzüge der Börsenmoral", ein nicht gerade alltägliches Thema für einen Theologen. Allerdings schränkt v. Nell-Breuning ein: „In Nationalökonomie habe ich eine einzige Grundvorlesung bei Adolf Wagner gehört." War er also ein Autodidakt? Nach eigener Aussage trifft diese Einschätzung formal zu, doch hält er die Bezeichnung für irreführend. Denn seine eigentliche nationalökonomische Bildung hat er später im „Professorenseminar" des Wissenschaftlichen Beirats des Bundeswirtschaftsministeriums erhalten, in den er „dank einer seltsam günstigen Fügung berufen wurde". Klingt es da sarkastisch, wenn Oswald v. Nell-Breuning, reich an Erfahrungen als Hochschullehrer und Student, hinzufügt: „Der Umgang mit den Professoren und hohen Beamten des Wirtschaftsministeriums war unvergleichlich mehr wert als das Absitzen von Vorlesungen."

Seine Promotionsschrift gehörte jedenfalls zu den Arbeiten, die den Jesuitenpater bekannt machten. Die Entstehungsgeschichte dieser Untersuchung entbehrt nicht der Heiterkeit, verständlich aus der Situation der damaligen

Zeit: „Professor Mausbach schlug mir mehrere Themen vor, die mir nicht lagen. Dann sagte er mir, sein Freiburger Fachkollege habe einen Doktoranden über ‚Moral der Börse' promoviert, habe aber Skrupel, ob die Arbeit das verdient habe, und ihn gebeten, das Thema noch einmal zu vergeben. Ich solle mir in der Universitätsbibliothek das Manuskript vorlegen lassen (Dissertationen wurden damals nicht gedruckt). In der Universitätsbibliothek las ich das Manuskript und berichtete Mausbach: ‚Auf diese Arbeit hätte ich dem Mann den theologischen Doktor nicht gegeben, sondern den rer. pol. Doktor wieder abgenommen.' Worauf Mausbach sagte: ‚Nun, dann ist die Sache ja klar.' Da Mausbach selbst nicht fachkundig war, übernahm er nur die Rolle des Doktorvaters. Das Referat erstattete als Fachmann Professor Weber."

Nicht jeder verstand damals, daß v. Nell-Breuning das Dissertationsthema normativ abhandelt, nicht empirisch-soziologisch, wie der Titel vielleicht nahelegen mag. An der Börse findet er Eigenschaften, die ihm selbst wichtig sind: Verläßlichkeit und Präzision, ungeachtet vielleicht sogar notwendiger Skrupellosigkeit. Deutlich belegt der folgende Auszug aus v. Nell-Breunings Promotionsschrift den unverstellten Blick für die Vorgänge an der Börse.

„Die Börse ist von jeher der Tummelplatz skrupellosester Machenschaften gewesen, und nirgends wohl kann rücksichtsloser Eigennutz so ungeniert über Leichen gehen wie an der Börse. Aber wenn nach einem bekannten Worte Augustins selbst die Räuberbanden ihren Ehrenkodex und ihre Moral haben, ohne die sie überhaupt nicht bestehen könnten, dann setzt das Funktionieren eines so feinen und komplizierten Apparates wie die Börse erst recht eine vielleicht sehr einseitig entwickelte, aber gewiß nicht unbeträchtliche Kaufmannsmoral voraus. Um nur eines zu nennen: ohne absoluteste Vertragstreue ist die Technik des modernen Börsenbetriebes überhaupt nicht denkbar. Da die Abschlüsse durchweg bloß durch hastigen, abgerissenen Zustand zustande kommen, so ist meist die flüchtige Bleistiftnotiz des Kontrahenten selbst im eigenen Notizbuch das einzige Beweismittel; und doch kommt es kaum je vor, daß eingegangene Verpflichtungen geleugnet oder angefochten werden, auch wenn die Vertragserfüllung mit schwersten Verlusten verbunden ist. Das ‚so war es nicht gemeint‘ oder ‚so habe ich es nicht verstanden‘ ist unbekannt an der Börse. Und die Pünktlichkeit und Exaktheit, mit der die Vertragspflichten erfüllt werden müssen und tatsächlich erfüllt werden. Auf zehntausend Christen, die zu ihrer pflichtgemäßigen Sonntagsmesse erst beim ‚Sanktus‘ kommen, trifft gewiß noch nicht ein Börsenmann, der seine Skontobögen fünf Minuten zu spät in die Abrechnung gibt oder zwei Minuten zu spät seine Effektenschecks beim Kassenverein einreicht. Ist bis 11 Uhr Deckung zugesagt, dann ist um 11 Uhr unfehlbar die Deckung auch da, und ich kann unbedenklich in meinen Dispositionen mit dem betreffenden Betrage rechnen. Gewiß ist es die dem Säumigen drohende Exekution, die als Sanktion steht hinter dieser Pünktlichkeit in der Erfüllung eingegangener Verpflichtungen, und ein geplagter Schriftleiter mag wohl seufzend bedauern, daß man Mitarbeiter, die mit auf Termin zugesagten Beiträgen überfällig werden, nicht auch exekutieren kann. (...) Es ist keine Frage, daß der sittlich-rechtliche Grundsatz ‚pacta esse servanda‘ an der Börse in vorbildlicher Weise beobachtet wird, und man hätte gar oft Grund zu wünschen, daß diese strenge Auffassung des ‚pacta esse servanda‘ doch auch außerhalb der Börse sich durchsetze gegenüber einem schwächlich-weichlichen Sich-für-entschuldigt-Halten aus der geringfügigsten Ursache, das oft gar nichts anderes ist als ein Sündigen auf die Gutmütigkeit oder Wehrlosigkeit des Mitmenschen."

Neben Beiträgen zu speziellen Themen wie Bodenreform, Währungsfragen und Betrachtungen zum Eigentumsbegriff macht ihn die Promotionsschrift über einen engeren Kreis hinaus bekannt. Das schlägt sich zunächst in einer ehrenvollen Berufung nieder: 1928 wird Oswald v. Nell-Breuning Ordinarius für Moraltheologie, Kirchenrecht und Gesellschaftswissenschaften an der Philosophisch-Theologischen Hochschule St. Georgen in Frankfurt, eine Aufgabe, die er lange Jahre innehatte.

Diese Tätigkeit bedeutete P. v. Nell-Breuning viel. Als er vor gut zehn Jahren gefragt wurde, was er in seinem Leben als wichtig und wirkungsvoll ansehe, antwortete er: „Die meiste Freude hat mir in den ersten zehn Jahren meine Wirksamkeit als Hochschullehrer in St. Georgen gemacht. Damals konnte ich diese jungen Männer, die sich auf das Priestertum vorbereiteten, wie ich glaube, wirklich ausrüsten mit dem, was Bischof Kempf, als ich 90 Jahre alt wurde, anerkannt hat, nämlich sie fähig zu machen, kritische Haltung gegenüber der Kirche mit Liebe zur Kirche zu verbinden."

5. Mitarbeit an „Quadragesimo anno"

Im Herbst 1930 ereignet sich dann, worüber v. Nell-Breuning bis heute gern berichtet: Der damalige Ordensgeneral der Gesellschaft Jesu, Pater Wladimir Ledóchowski, ein enger Berater Papst Pius' XI., beauftragt den Frankfurter Jesuiten mit dem Entwurf für eine Sozialenzyklika. Am 15.5.1931 wird sie vom Papst in Erinnerung an die erste Sozialenzyklika unter dem Titel „Quadragesimo anno" („Nach vierzig Jahren", so benannt nach den ersten zwei Worten des Textes) veröffentlicht.

Kein Interviewer hat es versäumt, v. Nell-Breuning nach der Vorgeschichte, den Umständen, den näheren Einzelheiten bei der Konzeption des endgültigen Textes zu befragen. Viele Jahre durfte er sich wegen des Schweigegebots nicht dazu äußern, konnte nur Kommentator der Enzyklika, nicht Informant über die Hintergründe sein. Erst seit den siebziger Jahren hat er sich öffentlich dazu geäußert.

Sobald v. Nell-Breuning auf „Quadragesimo anno" zu sprechen kommt, richtet er sich in seinem Stuhl leicht auf, als wolle er mit großem Atem zu einer langen Rede ansetzen. Auf sein Gesicht legt sich ein freundlicher, gelassener Ausdruck, der noch heute sowohl Verwunderung wie Stolz verrät, an einem so wichtigen Dokument der kirchlichen Soziallehre mitgearbeitet zu haben. Wenn jedoch hier und da die Aussage v. Nell-Breunings zu lesen war: „Die Enzyklika habe ich geschrieben", so ist er unvollständig wiedergegeben. In mehreren Beiträgen hat er beschrieben, was sich damals zutrug, welche Teile er selbst entworfen hat, worin er Gefahren sah und worin er den endgültigen Text für kritikwürdig hielt. War es nicht verantwortungslos, zentrale Teile dieses wichtigen Dokumentes in die Hände eines einzigen Mannes zu legen? Heute äußert hierzu v. Nell-Breuning selbst Bedenken: zu komplex sei die Gesellschaft strukturiert, als daß ein einzelner fundiert zu allen Problemen Stellung nehmen könne.

Blenden wir wieder den „Lebensfilm" zurück in den Herbst 1930. Wie reagiert man als recht junger Mensch – v. Nell-Breuning war damals vierzig Jahre alt, was bei Jesuiten noch nicht viel heißt, wie das Frankfurter Ordensmitglied selbst einmal meinte –, wenn man unter strengster Geheimhaltung mit einer so wichtigen Aufgabe betraut wird? „Woher nahm ich, so frage ich mich heute, den Mut, an eine solche Aufgabe, durch die ich doch völlig überfordert war, heranzugehen?", schrieb der Betroffene 1971. An Selbstbewußtsein mangelte es ihm nicht, er konnte sich seiner Fähigkeiten sicher sein und traute sich die Aufgabe einfach zu. Analytisches Vermögen und rhetorische Brillanz beherrschte er zur Genüge. Im begrifflichen Denken war er im Orden bestens geschult, und er weiß auch, diese Schulung richtig einzuordnen: „verleiht diese doch in der Tat eine ähnliche Überlegenheit, wie der geschulte Marxist sie seinen Gegnern gegenüber besitzt".

Wer heutzutage dem Pater begegnet, spürt, daß er gerade von dieser Fähigkeit nichts verloren hat. Fragen, an denen er Unlogik entdeckt oder die ihm unpräzise scheinen, korrigiert er demgemäß, im hohen Alter vermutlich höflicher als früher, als er, um der Sache willen, nicht selten scharf diskutierte. Er weiß, daß er sich dadurch nicht unbedingt Freunde geschaffen hat; doch ist ihm auch bewußt, daß diejenigen, die Rat bei ihm suchen, aus Überzeugung kommen, nicht aus Anbiederung. Und er verhehlt nicht seine (verhaltene) Freude, wenn man sich auch noch in seinem hohen Alter für ihn interessiert.

Zweierlei begründete vor nunmehr fast sechzig Jahren seine Zuversicht: das Vertrauen in das Lehramt der Kirche, die der Heilige Geist vor Fehlern schon bewahren würde; mit den Worten v. Nell-Breunings: Der Heilige Geist werde den Papst in lehramtlichen Äußerungen vor seinen Beratern schützen. Darüber hinaus fühlte er sich kompetent in naturrechtlichen Deduktionen als Ökonom und Jurist.

Eine noch wichtigere Voraussetzung aber war wohl die Bedeutung des „Königswinterer Kreises", dem v. Nell-

Breuning angehörte. In einem Gespräch erwähnte er vor einigen Jahren: „Von großem Vorteil war, daß ich im ‚Königswinterer Kreis' hervorragend qualifizierte Berater fand, denen ich allerdings nicht verraten durfte, daß sie über mich an einer Enzyklika mitarbeiteten. Der gedankliche Inhalt stammte in der Hauptsache von meinem Ordensbruder und Hochschulkollegen Gustav Gundlach; ich war purer Jurist und Ökonom, aber kein Sozialphilosoph."

Dabei ist zu bedenken, daß außer dem Ordensgeneral und v. Nell-Breuning selbst niemand etwas von diesem Auftrag wußte, nicht einmal der Hausobere oder der Provinzial. So konnte er sich auch nicht verleiten lassen und sagen: Meine Herren, ich habe den Entwurf für eine Sozialenzyklika zu machen. v. Nell-Breuning kam trotzdem zu dem von ihm gewünschten Erfolg, mit gut gemeinter List und Schlauheit.

Der „Königswinterer Kreis" setzte sich aus qualifizierten Männern zusammen, zu denen Theodor Brauer, Götz Briefs, Gustav Gundlach, Paul Jostock, Rudolf Kaibach, Franz H. Müller, Heinrich Rommen, Wilhelm Schwer und schließlich Oswald v. Nell-Breuning zählten. Ihre Arbeiten sollten einer umfassenden Sozialreform dienen, wobei jeder von seiner speziellen Sicht her Vorschläge machte. v. Nell-Breuning nutzte die Gelegenheit, um all das, was er im Rahmen der bevorstehenden Sozialenzyklika für wichtig hielt, zur Diskussion zu stellen, ohne daß die anderen etwas von seiner eigentlichen Absicht ahnten.

Wohlgemerkt sollte v. Nell-Breuning einen Entwurf für die päpstliche Verlautbarung erstellen, am endgültigen Text – von mehreren Latinisten in kunstvolles Latein übersetzt – hatte er einiges auszusetzen. Mißverständliche Übersetzungen – er war freilich allein dafür verantwortlich – waren ein Grund für die Aufregung, die das Rundschreiben vom 15. 5. 1931 hervorrief. Da wurde „ordines" mit „berufsständische Ordnung" im Deutschen wiedergegeben und zum Gegenstand heftiger Vorwürfe, wie v. Nell-Breuning selbst öfter dargelegt hat. „Den größten Mangel erblicke ich darin, daß er bei weitem nicht deutlich genug herausstellt, daß von einer Ordnung der Gesellschaft (‚ordo socialis instaurandus') die Rede ist, einer Ordnung, die zwar selbstverständlich auch den Sozialbereich ‚Wirtschaft' umfaßt, aber keineswegs für ihn allein oder auch nur vorzugsweise für ihn gilt. Das ihr zugrundeliegende Ordnungsprinzip der Gliederung nach Gruppen, die zu spezifischen Beiträgen zum Gemeinwohl kooperieren, ist kein ökonomisches, sondern ein soziales, d.h. gesellschaftliches Prinzip, das die Frage nach wirtschaftsordnenden Prinzipien oder Instrumenten ebenso offenläßt wie die Frage nach der Staatsform. Wenn trotzdem die ‚berufsständische Ordnung' der Enzyklika entweder im ständestaatlichen Sinn (österreichischer ‚Quadragesimo-anno-Staat' von 1934) oder meist im zentralverwaltungswirtschaftlichen Sinn mißverstanden worden ist, so darf man das meines Erachtens nicht ohne weiteres bösem Willen, ja nicht einmal grober Fahrlässigkeit zur Last legen, sondern geht in hohem Maße zu Lasten redaktioneller Mängel der Enzyklika."

Ungeachtet solcher Mängel war das Rundschreiben des Papstes wichtig, vor allem im Hinblick auf die Arbeiter, die der Kirche in großer Zahl den Rücken gekehrt hatten. Diese anhaltende Entwicklung brachte v. Nell-Breuning dazu, etwa vierzig Jahre später, auf der Synode der deutschen Bistümer in Würzburg, im Dokument über das Verhältnis von Kirche und Arbeitern, wie einst Papst Pius XI. im Gespräch mit Kardinal Cardjin, von einem „Skandal" zu sprechen, hier allerdings einem „fortwirkenden Skandal".

Dennoch war die Wirkung begrenzt, von vielen wurde die Enzyklika kaum zur Kenntnis genommen; lediglich einige Reizthemen waren Gegenstand der Diskussion. Zum Beispiel der Satz: „Religiöser Sozialismus, christlicher Sozialismus sind Widersprüche in sich; es ist unmöglich, gleichzeitig guter Katholik und wirklicher Sozialist zu sein." Mußte das nicht diejenigen, die sich zum Sozialismus bekannten, provozieren?

Leicht zurückgebeugt in seinen Stuhl differenziert P. v. Nell-Breuning das Problem. Entscheidend sei die Frage, was man unter Sozialismus versteht, damals wie heute, gleichwohl sich die Definitionen gewandelt hätten. Lege man die Sozialismusdefinition der Enzyklika zugrunde, dann sei der Satz „Ein Christ kann kein Sozialist sein" zutreffend. Nur gelte es zu bedenken, was Gustav Gundlach, von dem die Definition stamme, unter Sozialismus versteht. In der 5. Auflage des „Staatslexikons" der Görres-Gesellschaft brauchte er dazu zweiundvierzig Wörter. Er beschrieb den Sozialismus als „eine nach Wertideen und Mitteln dem kapitalistischen Zeitalter innerlich zugehörige allumfassende Lebensbewegung zur Herbeiführung und dauernden Sicherung der Freiheit und des diesseitigen Glücks aller durch ihre uneingeschränkte Einfügung in die Einrichtungen der von höchster Sachvernunft geformten und jedes Herrschaftscharakters entkleideten menschlichen Gesellschaft".

Kein Wunder, daß Gundlachs Lehrer Sombart diese Beschreibung für „überaus kunstvoll" hielt. Auch wenn die Enzyklika sie nicht wörtlich übernimmt, bezieht sie den gedanklichen Inhalt aus ihr und ist bei der Interpretation zu berücksichtigen.

Doch wer ist dazu in der Lage? Der normale Arbeiter, der angesprochen ist, in den seltensten Fällen. Er versteht nicht unbedingt, daß die Gesellschaft in dieser sozialistischen Auffassung am Nützlichkeitskalkül orientiert ist. Entscheidend aber ist, was v. Nell-Breuning 1968 schrieb:

„Damit fehlt die Grundlage für eine echte, sittlich bindende Autorität; weil autoritätslos, darum hat diese Gesellschaft auch für die Autorität Gottes keinen Raum – ‚Religion ist Privatsache!'."

Nur unter diesem Aspekt trifft die Aussage der Ausschließlichkeit von Christ und Sozialist zu. Die Gefahr solcher konzisen Formeln ist dem Jesuitenpater nicht unbekannt. Wenn er zeitlebens um begriffliche Schärfe bemüht war, dann aus gutem Grund. Gerade das Beispiel der Sozialismusdefinition, so sagt er mit leiser, aber klarer Stimme, zeige, wie notwendig es sei, genau verständlich zu machen, was man jeweils mit einem Wort meine. Doch das reiche noch nicht aus. Man müsse sicherstellen, daß der andere es im gleichen Sinn versteht. Und v. Nell-Breuning fügt den unscheinbaren, aber für ihn so charakteristischen Satz hinzu: „Sofern der andere einen richtig verstehen will."

Gleichwohl hat er durch die Bekanntschaft mit Theoretikern des freiheitlich-demokratischen Sozialismus – allen voran Willi Eichler – die Erfahrung gemacht, daß auch sie die Gesellschaft keinesfalls als bloße „Nutzveranstaltung" sahen und darin mit dem Papst übereinstimmten.

Kein Zweifel, die Enzyklika „Quadragesimo anno" wurde stellenweise zu Unrecht angegriffen, eine Folge inhaltlicher Verständnisprobleme. Muß aber – dem stimmt v. Nell-Breuning zu – der Papst nicht so exakt schreiben, daß ihn der „Normalverbraucher" versteht und nicht nur die Fachleute?

Ein anderes Beispiel, das nicht expressis verbis aus der Enzyklika von 1931 stammt – wenngleich v. Nell-Breuning dazu seine eigenen Vorstellungen in „Quadragesimo anno" wiederfindet –, ist der Begriff des Eigentums. Das Eigentum ist zweiseitig, bestehend aus einer Individual- und einer Sozialnatur. Darum spricht die Enzyklika von der „Sozialgebundenheit des Eigentums". Mit harschen Worten moniert v. Nell-Breuning, daß heutzutage viele Theologen, noch mehr aber Juristen, die Rolle des Eigentums überschätzen würden. Doch bedeutet für ihn selbst das Eigentum eine Voraussetzung für Freiheit.

Es gehört zu der Art des Paters, theoretische Ausführungen abrupt zu unterbrechen und den Kern seiner Aussage durch ein praktisches Beispiel zu verdeutlichen; so auch bei der Frage des Eigentums. Ein Gewerkschafter habe ihm einmal erzählt, das mit dem Eigentum und der Freiheit stimme doch so gar nicht. Er selbst sei als Sohn eines Bauern aufgewachsen und habe in der Jugend die Ziegen hüten müssen, während seine Altersgenossen, die Arbeiterkinder waren, freie Zeit zum Spielen gehabt hatten.

Bei solchen Erinnerungen dringt immer wieder die feine Ironie durch, die zwar nicht seine gedankliche Schärfe entkräftet, aber doch mildert, lebensnah macht. Der Seelsorger v. Nell-Breuning, wenn auch ohne praktische Erfahrung in einer Pfarrei, kennt durchaus die Schwächen der Menschen. Als ihn sein Ordensgeneral 1931 fragt, bis wann er glaubt, daß die in „Quadragesimo anno" enthaltenen Gedanken zu einer neuen Gesellschaftszuordnung verwirklicht sein können, antwortet er ohne langes Überlegen: „Das wird niemals verwirklicht; das ist viel zu vernünftig, als daß die Menschen das jemals machen werden."

6. Bemühen um gesellschaftlichen Fortschritt

Man fragt sich, warum Oswald v. Nell-Breuning Jahrzehnte hindurch von den verschiedensten Kreisen der Gesellschaft um Rat gefragt wurde. Immer wieder kommt darauf als Antwort: Es lag an seiner Sachlichkeit und Neutralität. Was nicht heißt, daß ihm die eigene Meinung zu den Dingen fehlte. Ganz im Gegenteil: Rücksichten hat er niemandem gegenüber genommen, entscheidend war das klare Urteil über das, was Wahrheit in den Problemen und ihren Lösungen war.

Gefragt, was der Sinn der Wirtschaft sei, kritisiert er das Erfolgsdenken, das bei Unternehmern und Gewerkschaftern immer wieder durchschlägt. Der Sinn der Wirtschaft sei aber nicht, reichlich oder gar überreichlich essen zu können, sondern ein sinnerfülltes Leben zu führen. Ein Leben, vor dem jeder in Ehren dastehen und vor Gott bestehen kann. Norbert Blüm hat recht, wenn er in diesem Zusammenhang schrieb, v. Nell-Breuning sei nie ein „Hofkaplan der Gewerkschaften" gewesen, lieber nennt er ihn einen „Sokrates im Jesuitenrock". Der griechische Philosoph wußte und v. Nell-Breuning weiß um die menschlichen Fehler und Schwächen. Darum hält er den Menschen für irrtumsfähig und anfällig für die Sünde. Wer das, so meint er selbst, nicht in Betracht zieht, fuhrwerkt im luftleeren Raum herum. Politik also die Kunst des Möglichen?

Im Vorwort seines Buches „Grundsätzliches zur Politik" sagte v. Nell-Breuning 1975: „Politik ist die Kunst, das hier und jetzt Unmögliche möglich zu machen. Damit steht der Politiker nicht vor einer Mauer, an der sein Bemühen scheitert, sondern ist ihm ganz im Gegenteil eine grenzenlose Weite eröffnet und eine Aufgabe gestellt, die ihn begeistern kann und seine besten Kräfte aufruft. (...) Politik fordert vom Politiker viel, sogar sehr viel, an allererster Stelle Charakter; sie fordert seinen redlichen Willen, seinen uneigennützigen Einsatz. Der Politiker geht nicht nur einen schweren, sondern einen gefährlichen Weg, der ihn immer wieder in Versuchungen führt, denen nur ein starker Charakter gewachsen ist; ein starker Charakter aber bewährt sich in ihnen und erstarkt dadurch noch mehr."

In der Politik ist vieles möglich, auch ein Zweiter Weltkrieg war möglich, trotz der Phrasendrescherei der Nazis, bei der sich v. Nell-Breuning immer wieder gefragt hat, wie man an all das glauben konnte. Er selbst veröffentlicht während des Krieges nichts, obwohl er kein Schreibverbot hatte. Allein der Versuch hätte Konsequenzen gehabt. Davon abgesehen, daß Publikationen beschlagnahmt worden wären, hätte es die Hochschule in Sankt Georgen möglicherweise die Existenz gekostet. Freilich war v. Nell-Breuning für den Gauleiter sogar ein vernünftiger Mensch – was dieser als das schlimmste Urteil empfindet, das er sich über seine Person vorstellen kann.

Trotzdem konnte der Professor an der Hochschule zumindest seine Studenten im Widerstand gegen die unseligen Machenschaften der Nationalsozialisten bekräftigen. 1936 wird gegen ihn, als er in der Vermögensverwaltung des Ordens eingesetzt war, ein Ermittlungsverfahren wegen Devisenverstoßes eingeleitet. Allerdings wurde die Anklage vor dem Sondergericht, das in Devisenangelegenheiten nur bei Eilbedürftigkeit zuständig war, erst sieben Jahre später, Ende 1943, nach dem Badoglio-Putsch, erhoben. Der Jesuitenpater wird zu drei Jahren Zuchthaus verurteilt, zur Überraschung aber nicht in Haft genommen, und er braucht auch nicht die Strafe anzutreten. Noch heute erkennt v. Nell-Breuning an, daß der damalige Staatsanwalt nicht nur ihm den Strafantritt erlassen, sondern auch vielen zum Tod Verurteilten das Leben gerettet hat. Nach Kriegsende wurde das Urteil gegen Pater v. Nell-Breuning aufgehoben. Mit Respekt, fast ein wenig stolz, weist er auf den Mut seiner Fakultät hin: Als diese damals aufgefordert wurde, ihm den Doktorgrad zu entziehen, hat sie dies einfach unbeachtet gelassen.

In der Zeit des Wiederaufbaus nach 1945 sieht v. Nell-Breuning die große Chance, Mängel des alten Wirtschaftssystems zu beseitigen. Damals sprach Walter Dirks von der „produktiven Utopie", die es zu verwirklichen gelte. Wie steht der Jesuitenpater zu solchen Begriffen?

Utopien sind nicht sein Metier. Sein nüchternes Wesen, seine Art, unromantisch zu denken, sich eher an die Fakten zu halten, versagt ihm den Entwurf von unrealistischen Plänen. Freilich wäre es falsch, darin eine Position zu sehen, von der aus die Dinge nur analytisch betrachtet werden, ohne Verbesserungsvorschläge. v. Nell-Breuning hat sich vermutlich mehr als alle anderen Priester in der Nachkriegszeit „politisch" engagiert. Nicht im Sinne eines aktiven Eintretens für eine Partei, seine Rolle war die des Ratgebers. Wie viele haben ihn in seinem Zimmer, das er seit 1950 bewohnt, besucht, haben vor seinem großen, aber einfachen Schreibtisch gesessen, mit ihm diskutiert und seine Vorschläge angehört! Es waren Vorschläge, die das menschliche Leben Schritt für Schritt verbessern sollten, nicht solche, die das ganze System revolutionierten. „Alles Menschenwerk ist Stückwerk oder Bruch", sagte Oswald v. Nell-Breuning nach der Verleihung des Romano-Guardini-Preises. Die heile Welt gibt es für ihn nicht, wohl aber die Verpflichtung, die Welt „heiler" zu machen.

Die Rolle des Priesters ist dafür wie geschaffen. Doch seine Position gleicht einer Gratwanderung. 1951 stellte v. Nell-Breuning dazu zwei wichtige Thesen auf: 1. Der Priester trägt eine ungeheure Verantwortung für die Politik. 2. Der Priester lasse um Gottes willen die Finger aus der Politik.

Allein um der Glaubwürdigkeit willen darf er diese Richtlinien nicht aufgeben, und er darf auch nicht zum Intriganten im Priestergewand werden. „Der Priester als politischer Drähtezieher oder Kulissenschieber bringt die treuesten und besten Katholiken gegen sich auf; ihn zu entlarven und bloßzustellen aber ist ein Triumph, an dem die Feinde der Kirche sich weiden!"

Also bleibt dem Priester die Rolle dessen, der andere berät und Sachverhalte von seiner Seite aus analysiert. „Als ein Mensch mit wachem Gewissen vergewissert er sich nicht nur, daß das Ziel, für das seine Mitwirkung begehrt wird, einwandfrei ist, sondern prüft auch die zu diesem Ziel führenden Mittel auf ihre ethische Unbedenklichkeit. Sehr oft ist gerade ein verwerfliches Mittel hervorragend geeignet, um ein erstrebtes Ziel zu erreichen."

Kritiker nahmen v. Nell-Breuning nicht immer ab, daß er sich an solche Neutralität halte und nur um der Wahrheit der Sache wegen diskutiere. Seine langjährige Beratertätigkeit für die deutschen Gewerkschaften legte für viele den Verdacht nahe, er stünde parteipolitisch im Umfeld der Sozialdemokraten und greife die christlichen Parteien zu sehr an. Tatsächlich fehlen dafür die überzeugenden Argumente. v. Nell-Breuning unterschied genau zwischen dem aktiven Eintreten für eine Partei und Stellungnahmen zu Vorschlägen einer Partei. Da allerdings nahm er keine Rücksichten.

Als das System der sozialen Marktwirtschaft nach dem Zweiten Weltkrieg eingeführt wurde, gab es darüber erbitterten Streit. Für Pater v. Nell-Breuning war es eine Phase, in der man die Vermögensverteilung hätte gerechter gestalten können. Sein Kommentar zu der politischen Entwicklung diesbezüglich war eindeutig. In der „Süddeutschen Zeitung" stand am 7. März 1970 zu lesen: „Die nach dem Zweiten Weltkrieg von christlichen Politikern wieder restaurierte kapitalistische Gesellschaftsordnung findet in dem unabhängigen gelehrten Analytiker aus der bescheidenen Zelle des Frankfurter Jesuitenhauses ihren schärfsten christlichen Kritiker, der diese Ordnung nicht als ‚neoliberal' anerkennt, sondern als ‚neoliberales Tamtam mit Worten'. Die Vermögensverteilung in der Bundesrepublik ist in seinen Augen ‚nichts als ein Skandal'." Solches schreckt auf und macht doch nachdenklich, vor allem, wenn es von einem vorgetragen wird, der sich den Ruf eines kompetenten „Sachverständigen" erworben hat.

Auch heute noch, in seinem hohen Alter, spürt man, wie konzentriert Oswald v. Nell-Breuning Auskunft gibt. Ruhig, fast bewegungslos sitzt er seinem Gesprächspartner gegenüber, verändert kaum seine Position. Vor ihm liegen auf dem Tisch Bücher aufgestapelt. Der nähere Blick auf die Titel überrascht: nur ein einziger sozialwissenschaftlicher Titel findet sich darunter. Ansonsten theologische Titel, auf dem Tisch aufgeschlagen die Bibel. Heute komme er endlich dazu, Theologie zu betreiben, wozu er fast sein ganzes Leben lang keine Zeit gehabt habe. Die Mitbrüder im Orden würden oft ein wenig lächeln, wenn er sie auf das eine oder andere theologische Problem anspreche, das ihn bewege.

Ungeachtet der Selbstgefälligkeit, die ein wenig bei solchen Bemerkungen mitschwingen mag, ist es v. Nell-Breuning ernst damit. Er hat sich entschieden, zum politischen wie sozialen Geschehen und zu kirchlichen Vorgängen nicht mehr Stellung zu nehmen, er achtet peinlich darauf, daß ihm keine Aussage herausrutscht, die andere als Autorität in Anspruch nehmen könnten, um die eigene Position zu rechtfertigen.

7. Anstöße zu Reformen

Was sind die wichtigsten Stationen im Leben Pater v. Nell-Breunings nach dem Zweiten Weltkrieg? In der Zeit zwischen 1948 und 1965 ist er Mitglied im Wissenschaftlichen Beirat beim Bundeswirtschaftsminister, umgeben von Wirtschaftsexperten und Wirtschaftsprofessoren, von denen er – wie schon erwähnt – nach eigenen Angaben sehr viel in nationalökonomischen Fragen gelernt hat. Später wird er zunächst Lehrbeauftragter, ab 1956 Honorarprofessor für Philosophie der Wirtschaft an der Frankfurter Universität. Jahrzehnte gehört er dem Lehrkörper der „Akademie der Arbeit" an, eine Tätigkeit, die er stets für wichtig angesehen hat. 1950 wird er stellvertretender Vorsitzender des Wohnungswirtschaftlichen Beirats beim Bundesminister für Städtebau und Raumordnung, von 1953 bis 1955 berät er den Zentralverband Deutscher Konsumgenossenschaften.

Verfeinert man diese Übersicht, wird erkennbar, daß sich v. Nell-Breuning in der Rolle des Vordenkers, Kommentators und Beraters niemandem verschließt. Er wirkt mit bei der Gründung des Bundes katholischer Unternehmer und berät die Gewerkschaften. Ideell ist er beteiligt an der Vermögensbildung für Arbeitnehmer, begutachtet aber auch auf Bitte des Bundes katholischer Unternehmer die Vorschläge ihres Geschäftsführers Wilfrid Schreiber zur „dynamischen Rentenversicherung" und empfiehlt sie zur Vorlage beim Bundeskanzler. Als die Politiker beginnen, diese Vorschläge abzuändern, trägt er sofort Bedenken vor und erhebt Einwände. Erst jetzt, so meint er, würden sie sich politisch durchsetzen. Auch Schreiber ist entsetzt über die Änderungen der damaligen Politiker und will seine Vorschläge zurückziehen – v. Nell-Breuning hält ihn davon ab. Sein lakonischer Kommentar: „So bin ich zum ‚Adoptiv-Vater' der dynamischen Rentenversicherung geworden."

Den Gewerkschaften versucht er klarzumachen, daß sie mit Nominallohn-Politik ihre Ziele kaum erreichen, mit vergeblichem Erfolg. Er verkennt zwar nicht die Schwierigkeiten, die diesbezüglich die Gewerkschaftsführer haben, zumal die Mitglieder vorwiegend Nominallohnsteigerungen verlangen. Dennoch: In einem marktwirtschaftlichen System muß dafür gesorgt werden, daß die Lohnempfänger ihre Löhne nicht ganz dazu aufbrauchen, um den Unternehmen das, was sie in Konsumgütern produziert haben, wieder abzukaufen und ihnen somit die Produktionsmittel zu schenken.

Doch die Gewerkschaften, ausgenommen Georg Leber, vernachlässigen die Vermögensbildung und v. Nell-Breunings Satz: „Wenn alle Kapitalisten werden, ist keiner mehr Kapitalist" – es ist seine Antwort auf die Furcht der Gewerkschafter, die Mitglieder würden zu Kapitalisten.

Georg Leber kennt v. Nell-Breuning wie kaum ein anderer, hatte über mehr als zwei Jahrzehnte ein enges Verhältnis zum „Nestor der katholischen Soziallehre". Er war es auch, der in der Bauwirtschaft vor vierundzwanzig Jahren den ersten Tarifvertrag mit vermögenswirksamen Leistungen abschloß, den ersten Vertrag dieser Art in der Sozialgeschichte überhaupt. Daraufhin befragt, erinnert sich der ehemalige Bundesminister Leber: „In der ersten Phase nach dem Krieg mußten die Gewerkschaften fast zwangsläufig ihre Augen auf die Befriedigung handgreiflicher Bedürfnisse und die Beseitigung der Mängel richten, die offenkundig waren. Die Menschen brauchten Arbeit und Wohnungen. Sie mußten satt werden, sich kleiden und wohnen können. Darauf war die Gewerkschaftspolitik ausgerichtet. Das, was aus den Trümmern durch die Arbeit aller an neuen Werten entstand, schlug sich wie vorher immer bei einer Minderheit der Bevölkerung als Besitz und Vermögen nieder. Daran war mit Lohnpolitik aller Art, die überwiegend in den Konsum fließt, auch wenn noch so kräftige Forderungen gestellt wurden, nichts zu korrigieren.

Auf diese Zusammenhänge hat Oswald v. Nell-Breuning damals immer wieder hingewiesen. Wer eine gerechtere Verteilung des gemeinsam erarbeiteten Sozialprodukts will, der muß für eine Einkommenspolitik eintreten, die nicht nur einfach mehr und mehr auf dem eingefahrenen Wege zu erreichen trachtet. Er muß den Arbeitnehmern vielmehr Einkommen zukommen lassen, das nicht in den Konsum geht, sondern als Kapital in der Wirtschaft erarbeitet und als sein Vermögen im Eigentum des Arbeitnehmers ist. Die tarifpolitische Idee für die Verwirklichung in der Praxis haben wir selber entwickelt. Als wir damit aber auf die Unternehmer zugingen, stießen wir auf größte Widerstände. Es kam zu einem heftigen, lang andauernden Ringen. Dies nicht nur gegen die Unternehmer und auf einer weiten Strecke auch gegen die Regierung, sondern auch innerhalb der Gewerkschaften. In der öffentlichen Auseinandersetzung brauchten wir die Unterstützung aus der Wissenschaft. v. Nell-Breuning war über viele Monate einer der standhaften Streiter, die uns im öffentlichen Bewußtsein bahn-brechen halfen. Als wir in den Verhandlungen schließlich weit genug gekommen waren, daß wir einen Abschluß in greifbarer Nähe vor uns sahen, verweigerte uns die Bundesregierung zunächst eine Änderung des Gesetzes, ohne das wir den Tarifvertrag nicht in Kraft setzen konnten. Oswald v. Nell-Breuning kämpfte mit uns und half uns, zusammen mit anderen Verbündeten, buchstäblich die Regierung weichzuklopfen.

Als das Gesetz erlassen und unverzüglich danach der

erste Tarifvertrag unterschrieben wurde, schrieb mir Oswald v. Nell-Breuning einen Brief. Er gratulierte zu dem Erfolg und kritisierte mich zugleich heftig, weil wir materiell nicht mehr hineingepackt, sondern uns mit neun Pfennigen begnügt hatten. Meine Antwort an ihn lautete: ‚Sie dürfen und müssen uns sagen, was eigentlich richtig wäre, wir müssen einen Vertrag schließen, der möglich ist'."

In den Nachkriegsjahren festigt sich die Beziehung v. Nell-Breunings zu den Gewerkschaften unter Führung von Hans Böckler und Otto Brenner. Auch die SPD nimmt damals Ideen des Paters auf. Zwar dementiert dieser, direkt am Godesberger Programm mitgearbeitet zu haben, doch freut er sich, im gesellschaftspolitischen Teil des Programms ein knapp gefaßtes Kompendium der katholischen Soziallehre zu finden.

Scharfen Attacken fühlt sich P. v. Nell-Breuning 1966 in der Diskussion um die Mitbestimmung ausgesetzt. Der „Querdenker" nimmt in Kauf, von den Unternehmern, vor allem den katholischen, wegen bestimmter Äußerungen heftig angegriffen zu werden. v. Nell-Breuning hatte Konzilstexte so interpretiert, daß das Konzil „die soziale und wirtschaftliche Mitbestimmung in den Unternehmen" bejahe. Freilich dementiert er, sich dezidiert für die qualifizierte Mitbestimmung – wie sie in der Montanindustrie praktiziert wurde – ausgesprochen zu haben.

In einem Beitrag für die „Welt der Arbeit" vom 17.12.1965 sprach v. Nell-Breuning von „Rufmord", dem er und sein Mitbruder Wallraff diesbezüglich ausgesetzt seien. „Ketzer und gemeingefährliche Betrüger" wären sie in den Augen der Unternehmer. Auch hier ist eine Passage des genannten Textes bezeichnend für die Entschiedenheit des Paters, die Grenzen setzt und innerhalb deren Positionen markiert: „Über die konkreten Modalitäten der

Mitbestimmung sagt das Konzil nicht mehr, aber auch nicht weniger, als es dazu sagen kann: Es komme darauf an, die jeweils geeignete Form zu finden. Das Konzil hat es unter ethischer Sicht mit dem menschlichen Anliegen zu tun: Was gebietet die Personenwürde des Arbeiters oder was wird ihr doch am besten gerecht? Die juridisch-technischen Modalitäten sind nicht Sache des Theologen, sondern – das betont das Konzil an anderen Stellen und in anderen Zusammenhängen immer wieder – Sache der Sachverständigen, der Fachleute."

In dieser Auseinandersetzung ging es darum, v. Nell-Breuning habe, nach Meinung des Bundes katholischer Unternehmer, Konzilstexte falsch interpretiert. Noch heute legt er Wert auf den Begriff der „wirtschaftlichen Mitbestimmung", im Unterschied zur „paritätischen Mitbestimmung", die es für ihn noch nicht gibt. Über Jahre hinweg hat er sich mit der Mitbestimmung auseinandergesetzt und zu den schwierigen Einzelfragen Stellung genommen. Bei allen Überlegungen zu dieser Frage ließ er sich von einer Grundposition leiten, die er 1979 im nachhinein so beschrieb: „Richtig gestellt lautet die Frage deswegen nicht ‚für wen?', sondern ‚wozu ist das Unternehmen da?' – Ist es der Dienst am Kunden, der dem Unternehmen die Daseinsberechtigung verleiht, dann ist die Mitbestimmung im Unternehmen danach zu beurteilen, was sie für diesen Dienst bedeutet, ob sie ihn beeinträchtigt, gefährdet, unberührt läßt oder vielleicht gar umgekehrt ihm zustatten kommt, ihn fördert, steigert, verallgemeinert oder vervollkommnet. Darauf kommt es entscheidend an; das vor allem ist zu untersuchen; wie immer aber auch dem sei, an dieser Zielbestimmung rüttelt die Mitbestimmung nicht, wohl aber erweitert sie den Zielhorizont."

Erst Jahre später, so bedauert v. Nell-Breuning, habe der

Bund katholischer Unternehmer den unberechtigten Vorwurf der Verfälschung von Konzilstexten zurückgenommen.

Ein wenig Enttäuschung schwingt mit bei diesem Satz. Freilich ist die Leidenschaft, mit der er die politisch und sozial brennenden Fragen – die Mitbestimmung gehörte wesentlich dazu – diskutierte, von dem greisen Pater gewichen, ein natürlicher Prozeß, bei dem die Kräfte allmählich schwinden.

8. Lehren für die Zukunft

Der Blick schweift aus dem Fenster. Stattliche Fichten im Garten des Jesuitenkollegs, die vermutlich jünger sind als der Pater, werden vom Wind langsam hin und her bewegt. Die Sonne versinkt hinter den Bäumen und wirft lange Schatten auf den Mann, dessen Gesichtszüge das Alter in keiner Weise verraten. „Wohl sind sie lange Schatten", schrieb Jean Paul über alte Menschen, „und ihre Abendsonne liegt kalt auf der Erde; aber sie zeigen alle nach morgen."

Solche poetischen Gedanken liegen Pater v. Nell-Breuning fern. Musisch, so bekennt er selbst, sei er völlig unbegabt, habe kaum Interesse an Kunst und Musik. Dazu fehlte ihm die Zeit. Der Pater bleibt sich auch hier treu, in seiner Suche nach präziser Begriffsdefinition. Deshalb unterscheidet er zwischen „Freizeit" und „freier Zeit". „Freizeit" sei ein arbeitsrechtlicher Begriff und bezeichne die Zeit, die dem Arbeitnehmer nach der von ihm zu leistenden Arbeitszeit noch übrig bleibe. Freizeit, die sich nach Gesetz und Tarifvertrag richtet, gebe es also strenggenommen nur für den Arbeitnehmer. „Freie Zeit" sei aber die Zeit, die jeder nach freiem Ermessen nutzen könne, weil weder sachliche Notwendigkeiten, zum Beispiel das Schlafbedürfnis, noch irgendwelche Pflichten ihn in Anspruch nähmen. Die Menschen müßten erst lernen, die zunehmende Freizeit zu nutzen. „Ich bezeichne das als die große sozialpädagogische Aufgabe der Zukunft."

In einem Gespräch zeichnete er, der ansonsten kaum zu visionärem Denken neigte, ein solches Zukunftsbild auf: „Ich stelle mir vor, daß wir dahin kommen werden, daß zur Deckung des gesamten Bedarfs an produzierten Konsumgütern ein Tag in der Woche mehr als ausreicht. (...) Durch die steigende Arbeitsproduktivität wird der so verstandene Beruf geradezu zur Nebenbeschäftigung werden."

Was tritt an seine Stelle? Die Antwort markiert die eigentliche Absicht v. Nell-Breunings: Verbesserung der menschlichen Lebensbedingungen, die dem Menschen wohl das Wichtigste ermöglichen: seinem Leben einen Sinn zu geben. Der Beruf wird dann sein, „daß der Mann Ehegatte seiner Frau ist oder die Frau Gattin ihres Mannes und daß die beiden Vater und Mutter ihrer Kinder sind und daß der Mensch sich um öffentliche Angelegenheiten kümmert, (...) daß das des Menschen Leben mit Sinn erfüllen wird und die Beschaffung der zur Erhaltung und auch zur Bereicherung und Verschönerung des Lebens dienenden Güter weit in den Hintergrund treten wird. (...) Man sollte solche Zukunftsperspektiven (‚Konkrete Utopien') doch vor Augen haben, auch wenn es nachher anders kommt, als man es sich vorher gedacht hat, anstatt daß man in der politischen Tageskleckerei immer von einem Behelf zum anderen hupft."

Pater v. Nell-Breuning weiß um die Probleme der Politiker in demokratischen Staaten, weiß um ihre Abhängigkeit von Wählern. Und dennoch ist er nicht müde geworden, auf die Fragwürdigkeit politischer Parolen hinzuweisen, die den Bürgern etwas vorgaukeln. „Wenn es einen Grundsatz der Wirtschaftsmoral gibt, dann ist es der, die Erwartungen nicht so hoch zu schrauben, daß man sie hinterher nicht erfüllen kann", sagte er 1981 und fügte hinzu: „Ich meine, das Schlimmste hat sich der 1972 scheidende Bundestag geleistet; von denen hätte kein einziger wiedergewählt werden dürfen."

Doch wäre es falsch, die Schuld allein den Politikern in die Schuhe zu schieben, daß sie mehr an Demoskopie und weniger an Demokratie denken. 1983 stellt Pater v. Nell-Breuning fest: „Unsere politischen Parteien haben bei den Wahlen zum Bundestag noch niemals als ‚Wahlgeschenk' versprochen, im Bundeshaushalt die Position ‚Entwicklungshilfe' besonders reichlich zu bedenken. (...) Wüßten sie (d.h. die Parteien), daß man damit katholische Stimmen einfängt, dann würden sie sich das bestimmt nicht entgehen lassen. Schelten wir darum nicht unsere Politiker; sie taxieren ihre Wähler leider richtig: die Schuld liegt bei uns selbst."

Trotz solch unbequemer Worte wurde er mit Ehrungen und Auszeichnungen überhäuft; er, dem es in seiner Bescheidenheit fast peinlich war, wenn sich andere zu seiner Ehre versammelten. „Sich Ehrungen zu unterziehen, muß jedem ehrlichen Menschen widerstreben", sagte er 1972 im Dankeswort nach der Verleihung des Guardini-Preises.

Achtung genießt Pater v. Nell-Breuning auch heute noch im Kreise seiner Mitbrüder. „Sie meinen es gut mit mir auf meine alten Tage", sagt er. Nur aus Respekt vor diesem außergewöhnlichen Menschen? Man kann sich nicht vorstellen, daß jemals Haß in ihm aufgekommen ist, trotz der Schärfe, mit der er manchmal andere unbarmherzig kommentierte, nicht niedermachte. Bitternis klingt nur an, wenn er über vertane Chancen spricht, wie zum Beispiel beim Aufbau des Wirtschaftssystems nach dem Krieg. An der Wachstumsversessenheit, zwar der kontinuierlichen, nicht der möglichst hohen und schnellen, ist auch er nicht unbeteiligt gewesen. Und er gibt zu, daß ein solch ungestümes Wachstumsdenken irgendwann Schiffbruch erleiden mußte.

Die Studentenunruhen 1968 waren ein erstes Alarmzeichen. Doch wo andere Professoren nicht mehr lehren konnten, hielt v. Nell-Breuning meist ungestört seine Vorlesungen; nicht ohne Ironie, wie Norbert Blüm in einer Anekdote berichtet: „Als der emeritierte Oswald von Nell-Breuning die Nachfolge seines nach Rom abberufenen Lehrstuhl-Nachfolgers antrat, soll er die erste Vorlesung mit der Bemerkung eingeleitet haben: ‚Vor Jahren ersetzten mich meine Ordensoberen aus Altersgründen durch einen Nachfolger. Diesem Mangel scheint inzwischen abgeholfen zu sein.'" Auch im hohen Alter hat er die Modernität im Denken nie aufgegeben, und er war gewiß alles andere als einer der ewig Gestrigen. Zu den ungestüm und unbedacht Vorauseilenden gehörte er jedoch auch nicht. In dieser fast unberechenbaren Situation liegt ein Teil der Wertschätzung, der er sich gerade bei jungen Menschen erfreut. Witz, Humor, Sachlichkeit, Ironie, Kritik – all das bot Pater v. Nell-Breuning in Reden und Schriften.

Mit großer Freude blickt er nun auf die Kirche Lateinamerikas, in der er einen Sturm des Heiligen Geistes wehen sieht. Das hinderte ihn in seinem Buch „Kapitalismus – kritisch betrachtet" (1986) nicht, einerseits klar zu sagen: „So kennt auch Erzbischof Hélder Câmara, der zudem kein Gesellschafts- oder Wirtschaftswissenschaftler, sondern Theologe und Seelsorger ist, zwar die Übelstände, die Not, das Elend und das Unrecht, worunter die seiner Seelsorge anvertrauten Menschen zu leiden haben; die dahinterstehenden ursächlichen Zusammenhänge dagegen entziehen sich seinem Blick."

Andererseits schreibt er: „Wenn Erzbischof Hélder Câmara aufruft, den Kapitalismus abzuschaffen, dann geht es ihm um nichts anderes als darum, die unbestreitbaren Mißstände und Ungerechtigkeiten abzustellen, die er unter dem Symbolwort ‚Kapitalismus' zusammenfaßt; was da im einzelnen zu tun ist, wie das im einzelnen zu machen sei, das überläßt er den Sachverständigen. Darin könnte er vielen als Vorbild dienen, die bei uns die gleiche Forderung erheben."

Hat er Hoffnung, daß die Probleme der Zukunft, insbesondere die der Dritten Welt, gelöst werden können? „Der Einsatz lohnt sich", schrieb v. Nell-Breuning vor wenigen Jahren, doch es gelte, die Dinge ehrlich zu betrachten, vor allem unter dem Gesichtspunkt weltumspannender Solidarität. Gefragt sind mutige Männer in der Kirche, zu denen er den Limburger Bischof Kamphaus zählt, dessen Wahlspruch lautet: „Den Armen das Evangelium verkünden."

Der betagte Jesuitenpater hat mit der Zeit Schritt gehalten, je älter, um so mehr. Noch vor gar nicht so langer Zeit nahm er zur Fünfunddreißig-Stunden-Woche im Sinne der Gewerkschaften Stellung, freilich mit dem Zusatz, Bedingung für die Arbeitszeitverkürzung sei keinesfalls der volle Lohnausgleich. Wer solches sage, schlage den Arbeitslosen gleichsam ins Gesicht. Solidarität mit denen, die keine Arbeit haben – das ist für v. Nell-Breuning das Gebot unserer Zeit.

Er selbst hat Arbeitslosigkeit nie gekannt. Es war ihm eine greuliche Vorstellung, nicht ständig durch drängende und wichtige Probleme in Anspruch genommen zu sein. Doch nun? Der liebe Gott schenkt ihm die Gnade, ohne Langeweile und Unzufriedenheit, wie er sagt, es zu ertragen, viel „freie Zeit" zu haben. Er hat nichts zu verlieren, am wenigsten Reichtümer.

Höchstens auf seinen Ruf ist er bedacht. Zeit seines Lebens ärgerte er sich, wenn er sich zu Unrecht angegriffen oder falsch interpretiert fühlte. Öffentliche Entgegnungen, Interviews oder Leserbriefe waren die Mittel, um seine Position zu verdeutlichen. Lesenswert ist diesbezüglich sein Aufsatz „In eigener Sache", ursprünglich zur Veröffentlichung nach dem Tod bestimmt, dann aber doch anläßlich seines 90. Geburtstages erschienen (vgl. „Worauf es mir ankommt. Zur sozialen Verantwortung", Freiburg i. Br. [4]1985, S. 84–96). Noch einmal stellte er dar, daß er lediglich im Sprachgebrauch bestimmter Begriffe Änderungen vorgenommen habe, keinesfalls aber in der Sache. Das gilt für „Kapitalismus", „Sozialismus" und „Klassengesellschaft" in gleicher Weise wie für „Berufsständische Ordnung" und „Mitbestimmung".

Was wird von seinen Gedanken in Erinnerung bleiben, worin besteht sein „Vermächtnis"? Bei dieser Frage wird sein Blick skeptisch; seine Gedanken lassen sich nicht auf eine einzige Formel reduzieren, sie sind eine Summe vieler Einzelanalysen und spezieller Vorschläge. Darum gibt es von ihm auch nicht *das* große Werk, das noch in zweihundert Jahren zitiert werden wird. Wohl aber viele Errungenschaften im politisch-sozialen System, die ideell mit seinem Namen zu verbinden sind.

Ist es ungehörig, einen Mann im Alter von Pater v. Nell-Breuning nach der Einstellung zum Tod zu fragen? Fühlt er sich wie Abraham, alt und lebenssatt?

Gelassen, mit ruhiger, ausgeglichener Stimme sagt er, daß er sich vor dem Tod nicht fürchte. Vielmehr frage er sich, wann Gott ein Einsehen mit ihm habe und sage: Jetzt habe ich ihn lang genug leben lassen und ihm Zeit gegeben, an sich selber zu arbeiten – jesuitische Gedanken auch in den Fragen, die man im allgemeinen als die letzten bezeichnet. Seine „wohl letzte Buchveröffentlichung" – wie er selbst im Vorwort sagt – aus dem Jahre 1987 schließt mit einer bemerkenswerten Forderung: „Um so dringender haben wir Anlaß, diese unsere geschaffene Welt als ‚von und zu Gott' zu verstehen, und diese ihre Wirklichkeit ist mit ihrer ganzen Folgenstrenge ernst zu nehmen. Wir haben über sie nicht geistreich zu philosophieren, sondern – und insoweit stimmt die Lehre Jesu Christi mit derjenigen von Karl Marx vollkommen überein – sie herzhaft anzupacken, sie zu verändern, gegebenfalls sie umzukrempeln und vom Kopf auf die Füße zu stellen. Und wenn die Welt sich dem widersetzt, dann genügt es nicht, ihr mit guten Worten zuzureden, dann haben wir alle unsere Macht einzusetzen und dafür zu kämpfen."

Spricht hier der weise „Revolutionär im Ordensgewand"? Keineswegs, hier spricht einer, für den ein Leben lang unbeugsam die Suche nach Gerechtigkeit und Wahrheit zu den Grundkoordinaten gehörte. Daß ihm das von vielen Menschen hoch angerechnet wird, interessiert ihn wenig. Er würde sagen, es war seine Pflicht, Gott und den Menschen gegenüber all seine Fähigkeiten einzusetzen.

Viele haben versucht, v. Nell-Breunings Leistung zu würdigen, mit Reden und Preisverleihungen. Bertolt Brecht schrieb ein Gedicht, das vielleicht dem Anspruch des Lebenswerks Oswald v. Nell-Breunings am besten gerecht wird:

„Ich benötige keinen Grabstein, aber
Wenn ihr einen für mich benötigt,
Wünsche ich, es stünde darauf:
Er hat Vorschläge gemacht. Wir
Haben sie angenommen.
Durch eine solche Inschrift wären wir alle geehrt."

II
BEGEGNUNGEN

Priester seiner Kirche

Von Walther Kampe

Meine Erinnerungen an Professor Pater Oswald v. Nell-Breuning gehen bis in die Gründungszeit der Philosophisch-Theologischen Hochschule St. Georgen in Frankfurt a.M. zurück. Nach langen Bemühungen war es endlich gelungen, durch den Jesuitenorden eine eigene Hochschule für die Theologen des Bistums Limburg zu gründen. Ursprünglich war an eine Angliederung an die neue Frankfurter Universität gedacht. Als diese Pläne gescheitert waren, wurde im Dezember 1925 die ehemalige Villa Grunelius erworben, die nach einem ehemaligen Besitzer Saint George „Sankt Georgen" genannt wurde. Schon im Sommersemester 1926 sollten die Vorlesungen in Frankfurt beginnen. Da jedoch die nötigen Umbauten noch nicht vollendet waren, mußte der Lehrbetrieb in der Ordenshochschule Valkenburg in Holland beginnen. Jedoch am 15. Oktober 1926 wurde das Wintersemester in Sankt Georgen eröffnet. Unter den Professoren, die damals als junge Wissenschaftler ihre Vorlesungstätigkeit aufnahmen, befand sich auch P. von Nell-Breuning, damals 36 Jahre alt.

Uns junge Hörer faszinierte sehr rasch die Persönlichkeit des Professors. Allerdings lag der Grund dafür weniger in seinen Vorlesungen, die nach der damaligen scholastischen Lehrmethode lateinisch vorgetragen wurden. Pater v. Nell dozierte Moraltheologie nach dem dreibändigen Handbuch von Hieronymus Noldin. Er beschränkte sich darauf, den Inhalt zu interpretieren, der weithin mit dem übereinstimmte, was in jenen Jahren an allen katholischen Fakultäten in der Welt gelehrt wurde, denn das Latein hatte immerhin den Vorteil eines internationalen Ideenaustauschs ohne Übersetzungsschwierigkeiten. Aber der vorgetragene Text blieb so in einer allgemeinen Abstraktheit ohne Bezug zu den Problemen der Zeit. Pater v. Nell suchte diesem Mangel dadurch abzuhelfen, daß er öfters deutschsprachige Exkurse zu aktuellen Fragen einschob. Sobald er in die deutsche Sprache überwechselte, ging eine Bewegung durch den Hörsaal, denn nun wurde die etwas langweilige Vorlesung hochinteressant. Wir schätzten an dem Professor, daß er offen und ungeschützt seine Überzeugungen vertrat und damit eine hohe Glaubwürdigkeit erwarb. Was er vortrug, traf immer den Kern des Problems. Er sparte auch nicht an Kritik, wenn er auf Mißstände in Gesellschaft und Kirche stieß. Sein sarkastischer Humor und seine treffende Ausdruckskraft waren hinreißend. Viele seiner Aussprüche gingen von Mund zu Mund und prägten sich unvergeßlich ein.

Wir hatten bald entdeckt, daß sein eigentliches Forschungsgebiet nicht die allgemeine Moraltheologie, sondern die katholische Soziallehre war. Für uns Studenten war es sehr vorteilhaft, daß neben ihm seit 1930 an St. Georgen Professor P. Gustav Gundlach die philosophische Ethik vortrug. Auch er befaßte sich vorwiegend mit sozialethischen Fragen. Gundlach war der spekulativere Kopf, v. Nell besaß dagegen ein unerschöpfliches Sachwissen in der Wirtschaftswissenschaft und eine sehr realistische Sicht der Gesellschaft. Beide Hochschullehrer stellten sich für eine „Soziale Arbeitsgemeinschaft“ zur Verfügung, die an Sonntagen nach dem Hochamt ihre Sitzungen abhielt. Wir konnten ungehindert alle unsere Fragen vorlegen und fanden immer wieder hochbefriedigende Antworten. Es war überhaupt ein unschätzbarer Vorteil von St. Georgen, daß die Professoren mit uns auf den gleichen Gängen des Hauses wohnten und wir jederzeit an ihre Tür klopfen konnten, wenn wir eine Auskunft begehrten. Wenn wir dann Pater v. Nell beim Breviergebet antrafen, konnte die Antwort erfolgen: „Lassen Sie mich erst den Psalm zu Ende beten", aber dann war er für jeden da.

Seine Ansprüche an uns waren jedoch hoch. Er war ein gefürchteter Examinator, da er keine Halbwahrheit und keine Verschwommenheit zuließ, sondern auf exakte Antworten drängte. Einmal fragte er mich: „Was ist das Maß der Gottes- und Nächstenliebe?" Ich war verblüfft und wußte keine Antwort. Darauf er: „Eh, die Selbstliebe! Sie sollten doch wissen, daß Gottes- und Nächstenliebe gleich sind, und wir den Nächsten lieben sollen wie uns selbst."

Die Patres hielten abwechselnd mit uns die Sonntags-Vesper und mußten dabei die Magnificat-Antiphon anstimmen. Einmal kam auch Pater v. Nell an die Reihe, der nicht gerade ein Meistersänger war, obwohl er bei den Herz-Jesu-Andachten von der Empore aus begeistert alle Lieder mitsang, so daß alle seine durchdringende Stimme vernahmen. Diesmal mußte er nur singen: „Non potest" (Er kann nicht), was mit dem Intervall von einem Ton nur schwach gelang, uns aber sehr belustigte. Bei einem nachfolgenden Examen sagte er zu einem vor einer Examensfrage verstummenden Spötter: „Eh, non potest!", was dieser demütig hinnahm. Scharfer Verstand und Herz und Gemüt lagen bei ihm nahe zusammen.

Uns blieb auch nicht verborgen, daß der Professor außer seiner Lehrtätigkeit außerhalb des Hauses zu vielen Beratungen herangezogen wurde. So wußten wir, daß er öfters am frühen Morgen mit dem Nachtzug aus Berlin auf dem Frankfurter Hauptbahnhof ankam, rasch mit der Straßenbahn nach St. Georgen fuhr, die heilige Messe zelebrierte, die er nie ausließ, und dann zur ersten Vorlesung im Hörsaal erschien. Er strapazierte seine unverwüstliche Gesundheit stark, aber seine Leistungsfähigkeit schien keine Grenzen zu haben.

Was er allerdings in der Hauptstadt tat, blieb uns verborgen, denn er rühmte sich nie seiner Beziehungen, und seine Diskretion war nicht zu erschüttern. Es war eine unruhige Zeit. Die Weimarer Republik wurde von wirtschaftlichen Krisen geschüttelt, und die Regierungen wechselten rasch. Die Zentrumspartei trug in allen Kabinetten die politische Verantwortung. In allen gesellschaftlichen Fragen war der gelehrte Jesuitenpater ein gesuchter Ratgeber. Es drängte ihn aus der stillen Studierstube in die rauhe Wirklichkeit, um sein reiches Wissen denen zur Verfügung zu stellen, die aus dem Glauben die Welt gestalten wollten. Dabei blieb er aber immer bescheiden im Hintergrund und stellte seine Person nie heraus. So wußten wir auch nicht, daß er in jenen Jahren auch dem Vatikan wichtige Dienste leistete und die Entwürfe zur Sozialenzyklika Pius' XI. „Quadragesimo anno" erstellte. In Erscheinung trat nur sein berühmter Kommentar zu dem päpstlichen Rundschreiben, der bald hohes Ansehen gewann.

Bekannt war seine weitgespannte Vortragstätigkeit. Schon in jungen Jahren hatte er, der einer alten Trierer Adelsfamilie entstammte, sich vorwiegend der katholischen Arbeiterbewegung zur Verfügung gestellt. Sein Herz schlug für die in der Gesellschaft Benachteiligten, und sein Gerechtigkeitssinn ließ ihn gegen jedes Unrecht antreten. Der heutige Einsatz der Kirche für die Menschenrechte wurde von ihm vorausgenommen. Manche kirchlichen Kreise, die mehr einer Unterwerfung unter eine autoritäre Obrigkeit zuneigten, beobachteten das mit Mißtrauen.

Als das Unglück der Machtergreifung durch die NSDAP über das deutsche Volk hereinbrach, stand ich kurz vor Abschluß meiner Studien in St. Georgen. Als beim Mittagessen sich die Nachricht verbreitete, auf der von der Hochschule aus sichtbaren Großmarkthalle werde gerade die Hakenkreuzflagge gehißt, sank P. Gundlach ohnmächtig unter den Tisch. Wir machten uns keine Illusion über das Unheil, das kommen werde. Die durch die Schule der beiden großen Sozialethiker gegangen waren, waren gegen die nazistische Versuchung gefeit. St. Georgen blieb auch weiter eine Oase des offenen Wortes in einer diktatorischen Gesellschaft. Es gab keine Denunzianten.

Erst in der Nachkriegszeit traf ich Pater v. Nell-Breuning wieder. Die Verhältnisse hatten sich geändert. Das alte Zentrum existierte nicht mehr, und die katholische Soziallehre hatte innerhalb der deutschen Kirche nicht mehr den Einfluß und das Ansehen wie früher. Dafür öffneten sich andere Kreise der kirchlichen Lehre und suchten aus ihr Gewinn zu ziehen. Pater v. Nell – nun schon der „Nestor" der Soziallehre genannt – wurde als Berater von nichtkirchlichen Gruppen zugezogen, was ihm einige Katholiken sehr verübelten. Er litt sehr darunter, daß auch manche Bischöfe sich stillschweigend von ihm distanzierten, denn seine kirchliche Gesinnung und seine Loyalität gegenüber der Hierarchie waren unbezweifelbar.

Das änderte sich erst wieder, als der alte Mann mit jugendlichem Feuer die Interessen der Arbeiterschaft vor der Würzburger Synode vertrat und das Plenum zu Beifallsstürmen hinriß. Er zeichnete unerbittlich die Versäumnisse der Kirche in vergangenen Zeiten nach und zeigte zugleich die reichen Möglichkeiten auf, die der christliche Glaube auch der Gesellschaft von heute anzubieten hat. Der Beschluß der Synode „Kirche und Arbeiterschaft" geht weithin auf seine Anregungen und Impulse ein.

Die literarischen Veröffentlichungen des Professors gehen weit über die Tausend hinaus – oft Gelegenheitsarbeiten aus aktuellem Anlaß, die aber doch wegweisende Gedanken von überzeitlichem Rang enthalten. Allein seine Beiträge in der Zeitschrift des Jesuitenordens „Stimmen der Zeit" sind unzählbar. Manche Veröffentlichungen sind weit zerstreut und daher schwer aufzufinden. Eine Gesamtausgabe seiner Werke steht noch aus. Sie ist sehr anzuraten, denn auch die nachfolgenden Generationen könnten von diesem Klassiker der katholischen Soziallehre viel lernen. Aber sein Wirken geht weit über das hinaus, was unter seinem Namen erschienen ist.

Als Professor Gundlach später in Rom Berater der Päpste geworden war, sagte Pater v. Nell einmal scherzhaft: „Die Werke von P. Gundlach können Sie unter dem Stichwort ‚Pius XII.' in der Herder-Korrespondenz finden." Auch von ihm könnte man sagen, daß die Auswirkungen seiner weitverzweigten Tätigkeiten unter vielen Namen durch fast ein Jahrhundert zu finden sind. Es geht über menschliche Fähigkeiten hinaus, seinen Einfluß auf den Gang der Gesellschaft und auch der Kirche in Deutschland und darüber hinaus festzustellen. In seinem hohen Alter hat er dementsprechende Anerkennung und hohe Ehren erhalten und blieb dabei doch immer der bescheidene Ordensmann, dem es nicht um seine Person, sondern immer um die Sache Christi und seiner Kirche wie um das Wohl der Menschen ging. Dafür können wir ihm nur Dank sagen – den ewigen Lohn wird ihm ein anderer geben!

Sokrates im Gewand der Gesellschaft Jesu

Von Norbert Blüm

Als der emeritierte Oswald v. Nell-Breuning die Nachfolge seines nach Rom abberufenen Lehrstuhl-Nachfolgers antrat, soll er die erste Vorlesung mit der Bemerkung eingeleitet haben: „Vor Jahren ersetzten mich meine Oberen aus Altersgründen durch einen Nachfolger. Diesem Mangel scheint inzwischen abgeholfen zu sein." Selbst wenn diese Pointe erfunden sein sollte, ist sie doch gut erfunden. Man weiß nie genau, ob die Selbstironie, zu der v. Nell-Breuning fähig ist, ihn nur selber meint oder auch andere mit einschließt.

Vor der Lauge seines Sarkasmus ist niemand sicher – noch nicht einmal er selbst. Auch das Mittel der Provokation war ihm in seiner aktiven Zeit nicht unbekannt. Vor Jahren erregte er den Katholizismus mit der Frage: „Ist die katholisch-soziale Bewegung eines sanften Todes entschlafen?" Auf den ersten Blick erschien dies wie eine rhetorische Frage, in der die Antwort schon eingeschlossen war. Bei näherem Zusehen jedoch entpuppte sich die Frage als der Wunsch, daß aus der Aufregung, die sie auslösen sollte, ein „Nein" hervorgehe.

Seine pädagogischen Bemühungen haben den Lehrer O. v. Nell-Breuning immer wieder in die Lage gebracht, Behäbigkeit und Denkfaulheit zu reizen. Das hat ihm manches Mißverständnis eingebracht. Es gehörte gleichsam zu seiner pädagogischen Methode, daß er seine Mitteilung nicht in fertige Ergebnisse einpackte, sondern seine Zuhörer und Leser in die Entwicklung seiner Gedanken einspannte. Vielleicht sind auch deshalb seine Abhandlungen von einer oft verblüffenden Schlichtheit. Der hohe Gedankenflug wissenschaftlicher Abstraktionen ist in die Trivialität der Alltagssprache übersetzt: „Solidarismus klingt – wenn auch zu Unrecht – nach Moralpredigt. Damit aber lockt man keinen Hund hinter dem Ofen hervor. Als Schlagwort ist Solidarismus hoffnungslos ungeeignet." Solche Sätze finden sich im „Wörterbuch der Politik", in dem v. Nell-Breuning unter anderem das Schlagwort „Solidarismus" bearbeitet hat. Sprachliche Bilder wie „Strohfeuer" und „den Hund hinterm Ofen hervorlocken" oder „den Schwarzen Peter zuschieben" sind in exzellent wissenschaftlichen Arbeiten eingebaut. Aber das sind keine pointenheischenden sprachlichen Gags, sondern es ist vor allem Ausdruck erzieherischer Liebe. Verstanden zu werden von den Arbeitnehmern, zu denen er spricht, das war immer das Ziel der Übung.

Von Carl Sonnenschein, dem Berliner Sozialapostel, war der junge v. Nell-Breuning beeindruckt. Aber er gesteht, daß ihm dessen emotional spontane Art nicht gelegen habe: „Wir haben uns zwar gar nicht vertragen, und seine charismatische und enthusiastische Art und meine nüchterne Sachlichkeit, das funktionierte nicht miteinander. Aber immerhin: Es war einmal der Impuls."

Die Volksnähe O. v. Nell-Breunings ist eher von sokratischer Herkunft. Es ist eine bohrende Schlichtheit und weniger funkelnde Sprachartistik, eine ganz auf das Ergebnis gerichtete Askese: Sokrates im Gewand der Gesellschaft Jesu.

Der Sohn begüterter Eltern aus dem Haus eines trierischen Gutsbesitzers blieb zeit seines Lebens ein Lehrer der Arbeiter, obwohl er wahrscheinlich nie einen blauen Kittel trug und ihm auch jede kumpelhafte „Schulterklopfer-Mentalität" abgeht. Ich entsinne mich an die frühen

50er Jahre, wo er im Hause St. Michael in Königstein vor Betriebsräten der Firma Opel einen Vortrag hielt, und an jenen anderen, zehn Jahre später, vor den Generalvikaren der deutschen Diözesen in Bonn. Einmal ging es um das Einmaleins des Arbeitsrechtes, das andere Mal um die Mitbestimmung. Der eine Zuhörerkreis „gläubig lernbegierig", der andere fast „süffisant skeptisch". v. Nell-Breuning war in beiden Vorträgen derselbe: sachlich bis zur Kälte, aber auch unbarmherzig gegen Denkfehler. In meiner Erinnerung vertrugen die Betriebsräte diese Art besser.

In gewisser Weise pendelte „Nell" mit seinem Wirken zwischen den Fronten. Aber er kokettierte nicht mit seinem Platz zwischen den Stühlen. Er gehört zu den zuverlässigsten Mitbestimmungsstreitern der Gewerkschaften, in deren Bereich sein Name ein Markenbegriff ist, fast synonym mit paritätischer Mitbestimmung. Und die Eigentumspolitik der Bauarbeiter, wo der von der katholischen Soziallehre geprägte Georg Leber als Gewerkschaftsführer für Eigentumsbildung über Tarifverträge gesorgt hatte, ist ohne O. v. Nell-Breuning nicht denkbar.

Dennoch schrieb er den Gewerkschaften manches ins Stammbuch, was sie nicht gerne hören. Aber vielleicht sind die besten Freunde der Gewerkschaften nicht unter ihren ideologischen Hofsängern zu suchen, sondern unter denen, die ihnen auch mit Kritik Freunde bleiben. So warf Oswald v. Nell-Breuning den Gewerkschaften 1985 vor, bei ihrem Einsatz für eine „35-Stunden-Woche bei vollem Lohnausgleich" zu lange der Täuschung aufgesessen zu sein, „die Wiedereingliederung der Arbeitslosen sei ohne Lohnopfer möglich". Nicht nur in diesem Zusammenhang stellte er unter Beweis, daß er zu den großen Vordenkern zählt; was heute ganz aktuell diskutiert wird, schwebte v. Nell-Breuning bereits seit langem als konkrete Utopie vor: das Modell einer 36-Stunden-Woche, bei der der einzelne Arbeitnehmer an vier Tagen in der Woche jeweils neun Stunden tätig ist. Er hätte dann jeweils drei Tage in der Woche frei, wobei in regelmäßigen Abständen der Samstag sowohl Arbeits- als auch freier Tag sein würde. Zur „Heiligsprechung des Samstags", so hob v. Nell-Breuning schon vor Jahren zu Recht hervor, „besteht kein Bedürfnis".

v. Nell-Breuning hat kein heißes Eisen der Sozialpolitik ausgelassen. Regierungen und Parteien haben sich bei ihm Rat geholt – nicht, weil er jedem immer recht gegeben hat, sondern weil sich jedermann auf die Unbestechlichkeit seines Urteils verlassen konnte. Dadurch wurde er zu einer Autorität, die weit über den Bereich der christlichen Sozialbewegung hinaus anerkannt ist und den Beweis dafür liefert, wie zeitnah eine christliche Sozialbewegung sein kann, wenn sie unbeirrbar ihren Weg geht. v. Nell-Breunings Lehre ist in vielem heute aktueller denn je. So hat er uns vor etlichen Jahren darauf gestoßen, daß eine christliche Sozialethik, die diesen Namen verdient, nicht nur über die Beziehung zwischen den einzelnen sprechen muß, sondern auch über das Verhältnis des Individuums zur Gemeinschaft. Wer Gemeinschaftseinrichtungen schädigt, die Sozialversicherung ausbeutet oder den Staat betrügt, versündigt sich am Nächsten. Die Pflichtenverletzung gegenüber dem Ganzen ist ebenso schlimm wie der Einbruch beim Nachbarn. Solche Gedanken könnten heute formuliert sein.

Als treuer Sohn der Kirche verteidigte er sie, aber er mischte sich auch in den Streit mit ihr bis in die Alltagsfragen. Daß die Kirche ihren Bediensteten die Bildung von Betriebsräten und die Vertretung ihrer Interessen durch die Gewerkschaften vorenthält, hat er scharf attackiert. Verkündigung geschieht eben nicht nur mit Worten. Er hält es mit dem biblischen „an ihren Früchten sollt ihr sie erkennen".

Wer so unbeirrt den Weg beschreitet, den er für richtig hält, gerät leicht in Gefahr, ins politische Niemandsland abgeschoben zu werden oder in die Gefangenschaft einer Seite zu geraten, denn sein Weg führt auch durch gegnerisches Gelände. Nur wenige katholische Soziallehrer haben das System des Karl Marx so kenntnisreich analysiert und ihm widersprochen wie v. Nell-Breuning. Und dennoch bekennt er: „Wir stehen alle auf den Schultern von Karl Marx", und er meint damit nicht die marxistische Therapie, aber Teile der Diagnose, die Karl Marx der kapitalistischen Wirtschaft stellte.

Aufrichtigkeit ist für ihn immer eine unverzichtbare Tugend gewesen, die sich im Bemühen um wissenschaftliche Objektivität niederschlägt. „Auch der Vertreter oder Vorkämpfer der falschen Lehre zieht die Kraft seiner Überzeugung aus dem, was sie an zutreffenden Erkenntnissen enthält." Auch seine Lebenserfahrung spricht für die Fairneß der Unterscheidung. Richtiges muß von Falschem getrennt werden. Es gilt nicht immer das „Entweder-Oder", sondern häufig auch das „Teils-Teils". Wenn v. Nell-Breuning sich Gegnerschaft geschaffen hat, dann nicht nur aus Mißverständnis, sondern auch, weil er die differenzierte Unterscheidung stets dem Geraune von Allgemeinplätzen vorzog, das alles unter einen Hut oder den Mantel der Kirche zu bringen versucht.

Aus dem Lebenszusammenhang gerissen, lassen sich die Mosaiksteine seines Lebenswerkes auch für fremde und falsche Bilder verwenden. Im Kontext seiner tiefen Frömmigkeit jedoch sind sie das Bekenntnis eines katholischen Soziallehrers von hoher Unbestechlichkeit. O. v. Nell-Breuning wendet die Liebe zur Wahrheit, wenn es sein muß, auch gegen Teile seines eigenen Lebenswerkes.

Souverän läßt er die letzten 100 Jahre der katholischen Soziallehre Revue passieren, und es wirkt fast arrogant, wenn er feststellt, daß es nach „Quadragesimo anno" bergab gegangen sei. Aber was wie ein Verdikt klingt, wird sofort wieder zurückgedrängt.

Denn der Enzyklika „Mater et magistra", die unter systematischem Gesichtspunkt bei ihm so schlecht wegkommt, wird bescheinigt, daß sie unendlich viel Gutes bewirkt habe, während „Quadragesimo anno", an deren Entstehen er selbst mitgewirkt hat, folgenschwere Mißverständnisse ausgelöst habe. Das, was als „berufsständische Ordnung" übersetzt wurde, war gegen faschistische Mißdeutungen offenbar nicht ausreichend abgesichert, und man spürt in der nachträglichen Bewertung noch die Betroffenheit des Verfassers, die eigenen Absichten nicht ausreichend deutlich gemacht zu haben: „Wie immer man das Maß der Mitschuld einschätzt, die diese Enzyklika an den eingetretenen Mißverständnissen trägt, für jemand, der sich für sie mitverantwortlich weiß, ist das Ergebnis tief bedrückend."

O. v. Nell-Breuning gehörte auch auf der Würzburger Synode zu den großen Gestalten der katholischen Soziallehre. Er beharrte fast starrköpfig auf dem Schuldbekenntnis der Kirche vor der Arbeiterschaft. Es ist das paulinische „Die Wahrheit wird euch frei machen", das ihn bisweilen zur Kompromißlosigkeit zwingt. Die Versöhnung von Kirche und Arbeiterschaft gehört zu seinen Lebenszielen. Den Dienst für die Arbeiterschaft hat er als eine Wiedergutmachung für das Versagen der Kirche im 19. Jahrhundert verstanden, und auf dem Bekenntnis dieser Schuld bestand er hartnäckig. Ich glaube, es war nicht Rechthaberei, sondern die Erkenntnis, daß man aus Fehlern nur lernen kann, wenn man sich der eigenen Vergangenheit auch mit ihren Schattenseiten stellt. Abseits aller modernistischen Verrenkungen blieb der Arbeiterfreund ein Mann der Kirche. Er hat nie ein buntes Hemdchen gebraucht, um von der Arbeiterschaft gehört zu werden.

Wer ihn in Sankt Georgen besucht hat, wird den heute im 100. Lebensjahr stehenden Oswald v. Nell-Breuning in der Disziplin seines Ordens gefunden haben, die von keinem Novizen übertroffen wird: privilegienlos ein Soldat Christi. Er ist einer, der in der Spiritualität des Ignatius von Loyola mit Leib und Seele lebt.

Förderer sozialen Friedens

Von Heiner Geissler

Als ich Oswald v. Nell-Breuning kennenlernte, war ich bereits sozialpolitisch engagiert. Mein Interesse für die Sozialpolitik haben seine Ordensbrüder auf meinem Gymnasium in St. Blasien geweckt, und dann die Begegnung mit seinem Werk, und natürlich auch mit dem seiner Kollegen, Gustav Gundlach und Hermann-Josef Wallraff. Aber als ich ihn damals zum ersten Mal persönlich erlebte, habe ich verstanden, wieso er auch Menschen für die katholische Soziallehre gewinnt, die von ganz anderen, fast entgegengesetzten Voraussetzungen herkommen. Von seiner Persönlichkeit, seinem Auftreten, seinem Wesen geht ein verhaltenes Charisma aus, das sich auf seine Lehre überträgt. Man spürt sofort, daß hier, wie er es selbst formuliert hat, ein „Diener der Kirche die Botschaft Jesu hineinträgt in die Welt und versucht, aus ihr für Gerechtigkeit und Freiheit die Folgerungen zu ziehen, die heute geboten sind". Ist dies nicht auch eine treffende Begründung für das Engagement eines christlich-demokratischen Sozialpolitikers?

Ich habe immer einen wichtigen Sinn meines politischen Lebens darin gesehen, durch konkrete Maßnahmen und Entscheidungen das Leben benachteiligter Menschen zu verbessern, denen zu helfen, die für ein menschenwürdiges Leben auf Hilfe angewiesen sind. „Politik ist die Kunst, das hier und jetzt Unmögliche möglich zu machen", hat v. Nell-Breuning geschrieben, und dieser Grundsatz gilt ganz besonders für die Sozial- und Gesellschaftspolitik.

Nicht viele beherrschen die Kunst, die Aufmerksamkeit, gar die gespannte Aufmerksamkeit von Menschen zu gewinnen, wenn man von ihren Pflichten redet, davon, was sie ihren Mitmenschen schuldig sind. Meist sind sie dann nur mit halbem Ohr bei der Sache, nehmen bloß die Worte auf und beherzigen nicht ihren Sinn. Oswald v. Nell-Breuning spricht seit mehr als sechs Jahrzehnten von den sozialen Pflichten der Menschen, und ihm hören sie zu. Zu wem er auch spricht, er schmeichelt niemandem, biedert sich bei keinem an. Sein Zugang zu den Menschen ist im besten Sinn charismatisch, aber sein Charisma ist nicht rhetorischer und schon gar nicht demagogischer Art. Seine Rede ist schlicht, beinahe kunstlos – er wirke „auf Mitmenschen meist sehr ernüchternd", sagte er selber. Er trägt die katholische Soziallehre, seine Soziallehre, als Forderung an seine Hörer vor, und sie begreifen, daß es sie angeht – tua res agitur. Und besonders staunenswert ist eben: er gewinnt Menschen unterschiedlichster religiöser und politischer Anschauungen für die gleiche Sache, für seine Lehre vom Sozialen. Das ist ihm in seinem langen, segensreichen Leben immer wieder gelungen.

In den Anfangsjahren der Bundesrepublik Deutschland hat er in stiller, wirkungsvoller Arbeit die friedensstiftende Kraft der katholischen Soziallehre entfaltet und zur Wirkung gebracht. Ein geistiges Gut der Kirche ist damit Gemeingut geworden. Beide Volksparteien der Bundesrepublik Deutschland, die alte Arbeiterpartei und die neue Volkspartei der Mitte, sind diesem Gut verpflichtet, wenn auch gewiß in unterschiedlicher Weise. Darum ist der soziale Friede und damit auch die soziale Ordnung unseres Landes ohne das Werk v. Nell-Breunings nicht denkbar.

Woher wächst einem Menschen eine solche Wirkkraft zu? Dies Jahrhundertleben ist, das spüren wir, mit Gnade gesegnet. Aber auch Gnade wird einem Menschen nicht in den Schoß gelegt. Als Einundzwanzigjähriger hat v. Nell-Breuning die Disziplin der Gesellschaft Jesu auf sich genommen, weil er meinte, „die erforderliche persönliche Reife und die charakterliche Durchformung noch nicht zu besitzen", und die sollte ihm ein Leben nach der Regel des hl. Ignatius von Loyola geben. Das zeigt: schon der junge Mann trug bewußt die Verantwortung für das, was aus ihm werden würde. Gnade und Verantwortung haben ihn zu dem gemacht, was er ist. Was er tut, tut er im Geiste innerer Verpflichtung, aus Berufung. Das tilgt jede Spur von Beliebigkeit aus seinem Wesen und seinem Denken. Es ist dieser nüchterne Ernst, der mich in seinen Bann gezogen hat. Wer immer ihm zuhört – ob Gewerkschafter oder Unternehmer, Sozialdemokrat oder Christlicher Demokrat –, spürt: dieser Mensch will mir nichts einreden, sondern spricht zu mir im Namen der Sache. Seine Sachlichkeit entfaltet Ausstrahlungskraft, weil sie in seinem Verantwortungsbewußtsein wurzelt.

Zur „sozialpolitischen Gemeinde" v. Nell-Breunings zählen Angehörige gegensätzlicher Lager: Gewerkschafter wie Unternehmer. Der Grund dafür ist: er kennt und versteht die Standpunkte der einen wie der anderen Seite und ist daher für beide glaubwürdig. Glaubwürdig ist eben darum aber auch sein unbeugsamer Kampf gegen die Verabsolutierung eines Standpunktes. Die Naturrechtslehre, daß der Mensch beides ist, sowohl Einzelwesen als auch Sozialwesen, übersetzt er aus der Theorie in lebendige, verpflichtende Praxis. Er ist außerstande, dem einen auf Kosten des anderen recht zu geben. Aus ruhiger Gewißheit widersteht er der im Individualismus wie im Kollektivismus wirksamen Versuchung zur Vereinseitigung des Menschenbildes. Dieses Beharren auf dem ungeteilten, dem christlichen Menschenbild hat das Versöhnungswerk der Sozialen Marktwirtschaft möglich gemacht.

Es stimmt schon, was Norbert Blüm gesagt hat: „Niemand kann Oswald v. Nell-Breuning für sich in Anspruch nehmen", keine Partei und keine Gewerkschaft, auch nicht die christlich gebundenen. Jeder, der ihn zu seinen Freunden zählt, weiß: er hat einen anspruchsvollen Freund in ihm. Man kann ihm nicht einfach das eigene Ethos wie einen Ausweis vorhalten, um bei ihm anzukommen. Die Gewerkschaften, die in ihm, dem Pater und Professor, einen Kollegen, ja einen Freund sehen, haben das erfahren, als er sie mit allem Nachdruck darauf hinwies, daß ihre Forderung nach Arbeitszeitverkürzung bei vollem Lohnausgleich vielleicht den Arbeitsplatzbesitzern nütze, aber unsolidarisch gegenüber ihren arbeitslosen Kollegen sei. Warum sollten die Gewerkschaften ihren Mitgliedern nicht die innere Reife und Kraft zutrauen, freiwillig einen Verzicht im Interesse der Arbeitslosen zu leisten?

Als Schüler der Jesuiten in St. Blasien habe ich gelernt, daß gegen den Hochmut die Wahrhaftigkeit gegen sich selber hilft, denn das ist nach Ignatius von Loyola Demut. Mit seinem unpathetischen Auftreten, seiner Gefaßtheit, seiner Selbstironie auch gegenüber seinen eigenen Überzeugungen ist v. Nell-Breuning ein Lehrer dieser Demut. Und allen in seiner „Gemeinde" mutet er diese Demut gleichermaßen zu.

Zu seiner „sozialpolitischen Gemeinde" gehören auch die Unionsparteien, also müssen auch sie sich mit seinem Maß messen lassen, und er hat uns wissen lassen, was das bedeutet. Es bedeutet die Selbstverpflichtung zu einer Politik aus christlicher Verantwortung. Politik aus christlicher Verantwortung im weltlichen Staat heißt: die naturrechtlichen Postulate von Solidarität und Subsidiarität politisch aufzunehmen und aus ihnen Grundregeln des tatsächlichen Zusammenlebens der Menschen zu formen. Soziale Gerechtigkeit zu fördern, zu mitmenschlicher Solidarität beizutragen und aktive Subsidiarität durchzusetzen – das sind die Prüfsteine für das „C" im Namen der CDU, das ist die bleibende herausfordernde Botschaft des Paters Oswald v. Nell-Breuning an mich und meine Partei.

Mitgestalter des Sozialstaates

Von Oskar Lafontaine

Oswald v. Nell-Breuning verkörpert in meinen Augen jene seltene Mischung aus profunder wissenschaftlicher Gelehrsamkeit und leidenschaftlicher politischer Anteilnahme: kein weltabgewandter Denker, sondern ein praktisch eingreifender Christ.

Für Sozialdemokraten besitzt das Denken Oswald v. Nell-Breunings eine unbestreitbare Faszination. Er ist ein unnachsichtiger Kritiker einer ihrer sozialen Verantwortung nicht gerecht werdenden kapitalistischen Gesellschaft. Er entwickelt in der Sozialpolitik und Wirtschaftspolitik deutliche Affinitäten zu sozialdemokratischen Grundsätzen. Aber sogar trotz seines Bekenntnisses, daß das Godesberger Programm ein Repetitorium der katholischen Soziallehre sei, hat er immer eine kritische Distanz gewahrt. Den Zielen des demokratischen Sozialismus und seinen ideengeschichtlichen Wurzeln steht er durchaus skeptisch gegenüber.

Doch – unbeschadet aller Unterschiede in der Sache – sehe ich in Oswald v. Nell-Breuning einen Mitstreiter um gleiche Grundwerte, wie Menschenwürde, soziale Gerechtigkeit, Freiheit, Gleichheit und Solidarität. Beim Ringen um die Durchsetzung dieser Grundwerte in der Gesellschaft verdanken wir ihm eine Vielfalt kritischer, wenn auch keinesfalls immer bequemer, so doch immer fruchtbarer Anregungen. Er machte immer wieder deutlich, daß das uns Trennende wie das uns Verbindende einen stetigen und konstruktiven Dialog notwendig machen; und er betonte, daß unsere jeweiligen Grundüberzeugungen immer wieder aufs neue auf ihre menschengemäßen Dimensionen überprüft werden müssen.

Die ungebrochene Aktualität seines Denkens erweist sich einmal mehr an den jüngsten Diskussionen um die Zukunft unserer Industriegesellschaft.

Oswald v. Nell-Breuning gehörte zu den ersten, die vor einer Fortsetzung der Wachstumspolitik der 50er und 60er Jahre warnten und einen Prozeß des Umdenkens anmahnten. Für ihn lag in einer neuen Beschäftigungspolitik eine realistische Möglichkeit, mit der Wachstumspolitik alten Stils zu brechen. Zwei wichtige Eckpfeiler einer derartigen Politik sind für ihn zum einen die Verkürzung der Arbeitszeit und die gerechte Verteilung der vorhandenen Arbeit und zum anderen ein neues Verständnis von „Arbeit", das nicht nur der Erwerbsarbeit, sondern auch der gesellschaftlichen Tätigkeit eine entsprechende Rolle für die Identitätsfindung und Identitätsbildung der Menschen zuweist.

Ich sehe mich in wesentlichen Punkten einig mit Oswald v. Nell-Breunings Beurteilung der wirtschaftlichen Entwicklung in den vergangenen Jahren. Der Prozeß der technologischen Veränderungen in der gesellschaftlichen Produktion hatte einen rasanten Fortschritt der Produktivität zur Folge. Stagnierendes Wachstum der Wirtschaft und rasche Steigerung der Arbeitsproduktivität wirken sich auf dem Arbeitsmarkt verheerend aus. Statt gesellschaftlichen Wohlstand für alle zu produzieren, bedroht uns die steigende Produktivität mit einer ständig anwachsenden Arbeitslosigkeit. Wir sehen uns hier mit neuen Herausforderungen konfrontiert.

Die entscheidende Frage lautet: Haben die gesellschaftlichen Umwälzungen, die wir momentan erleben, eine Gesellschaft der Arbeitslosigkeit oder eine Gesellschaft der

Freizeit zur Folge? Gelingt es uns, den Menschen von der entfremdenden Arbeit zu befreien, oder nimmt die Entfremdung der Menschen zu, indem wir sie zu erzwungener Untätigkeit verdammen?

Oswald v. Nell-Breunings Antwort auf diese Fragen ließ an Deutlichkeit nichts zu wünschen übrig. Dem neokonservativen Projekt einer in Arbeitsplatzbesitzer und Arbeitsloser geteilten Gesellschaft, einer Gesellschaft, in der zwei Drittel der Bevölkerung am Wohlstand partizipieren und das restliche Drittel ein Leben unter der Armutsgrenze fristet, hielt er die Vision einer „Tätigkeitsgesellschaft" entgegen, in der die Menschen mit einem Arbeitstag in der Woche ihre Bedürfnisse decken und sich für den Rest der Zeit selbstbestimmten Tätigkeiten in der Familie, im sozialen Umfeld oder in der Gesellschaft widmen.

Damit beschreibt Oswald v. Nell-Breuning ein entscheidendes Zielkriterium der Zukunftsgestaltung. Bereits 1846 hat Karl Marx darauf hingewiesen, daß es für die Errichtung einer humanen Gesellschaftsordnung unerläßlich ist, den reduzierten, eindimensionalen Arbeitsbegriff des Kapitalismus zu überwinden. Marx betonte die Notwendigkeit, einen Lebenssinn zu finden, der in einem Bereich jenseits der Arbeit liegt. Der Bielefelder Soziologe Bernd Guggenberger faßte diesen Zusammenhang in die Worte: „Wo Arbeit ist, muß Tätigkeit werden. Arbeit muß Bestandteil des bewußten Lebens und Selbsterlebens werden. Wir müssen, auch während wir arbeiten, das Gefühl haben, daß wir leben."

Der Mensch und die Gesellschaft sind ihrem Wesen nach unfertig. Gesellschaftlicher Fortschritt bedarf deshalb eines ständigen Lern- und Entwicklungsprozesses. Die entscheidende Herausforderung bei der Gestaltung der Gesellschaft liegt in der Verwirklichung sozialer Gerechtigkeit durch eine entsprechende Verteilung der gesellschaftlich notwendigen Arbeit und in der Ermöglichung menschlicher Identitätsstiftung im Rahmen selbstbestimmter gesellschaftlicher Tätigkeit. Als erster Schritt in diese Richtung gilt es, die bereits seit Jahren eingeleiteten Arbeitszeitverkürzungen zu forcieren und durch einschneidende Maßnahmen die hohe Erwerbslosigkeit abzubauen. Wir dürfen die arbeitslosen Menschen nicht auf eine ungewisse Zukunft vertrösten und sie mit der vagen Hoffnung abspeisen, daß eines Tages alles besser sein wird.

Doch neben den tagespolitischen Herausforderungen ist es notwendig, sich des Zieles zu vergewissern, auf das der gesellschaftliche Fortschritt zusteuern soll. Oswald v. Nell-Breuning hat immer wieder auf die Dialektik zwischen Zukunftsperspektiven oder „konkreten Utopien", um einen Begriff von Ernst Bloch zu gebrauchen, und dem konkreten politischen Handeln hingewiesen. Wir bedürfen kritischer Hinterfrager und unbequemer Mahner wie seiner, damit das Ziel einer humanen Gesellschaft nicht vom Lärm politischer Alltagsereignisse überdeckt, von Verantwortungsträgern verschwiegen oder im Alltagspragmatismus hintangestellt werden kann.

Wegbegleiter der Arbeitnehmerschaft

Von Alfons Müller

Die Stimme Oswald v. Nell-Breunings ist auch Stimme der Kirche in der Arbeitnehmerschaft. Er ist aus den Reihen der Katholischen Arbeitnehmer-Bewegung hervorgegangen, war einmal junger KAB-Präses im Ruhrgebiet und ist bis auf den heutigen Tag im wahrsten Sinne des Wortes ein Freund der Katholischen Arbeitnehmer-Bewegung geblieben. Mit besonderer Dankbarkeit ist zu erwähnen, daß v. Nell-Breuning entscheidend an der Herausgabe der Texte zur katholischen Soziallehre durch den Bundesvorstand der KAB mitgewirkt hat. Seine Themen, die Themen der katholischen Soziallehre, Arbeit, Eigentum, Familie, Freiheit und Gerechtigkeit, werden die Zukunft unserer Gesellschaft, ja die Zukunft der ganzen Menschheit entscheidend beeinflussen. Der Nestor der katholischen Soziallehre ist weit über den Kreis deutscher Wissenschaftler hinaus als ein Mann mit klaren Grundsätzen gehört und geachtet worden. Ein Ordensmann wurde zur Autorität in Gesellschaft, Wirtschaft und Politik.

Wenn wir als Christen von Personalität sprechen, bekennen wir uns zur Würde des Menschen, die im Mittelpunkt des Denkens und Wirkens Oswald v. Nell-Breunings steht. Die Katholische Arbeitnehmer-Bewegung erhebt die Forderung nach mehr Personalität in unserer Gesellschaft. Für sie heißt das, den Menschen stärker in den Mittelpunkt des Wirtschaftsprozesses zu stellen. Die Würde des Menschen in einer von wirtschaftspolitischen Sachzwängen geprägten Welt zu erhalten, war das Ziel der wissenschaftlichen Arbeit v. Nell-Breunings. Der Vorrang des Menschen gegenüber den Dingen ist Gestaltungsprinzip jeder Gesellschaft mit menschlichem Gesicht. Der Mensch ist Ausgangspunkt und Ziel einer Gesellschaftspolitik, die sich der Entfaltung und Vervollkommnung der menschlichen Persönlichkeit verpflichtet weiß.

In der Reihe der Persönlichkeiten, die ihr Denken und Tun in die Sache der sozialen Gerechtigkeit und des sozialen Friedens gestellt haben, nimmt v. Nell-Breuning einen vordersten Platz ein. Die Probleme der Menschen in unserer hochindustrialisierten Welt erkannte v. Nell-Breuning meist früher als andere. Der vergesellschaftete Mensch der arbeitsteiligen Industriegesellschaft ist einer Kette von Nachteilen und Gefahren ausgesetzt. Der technische Fortschritt zwingt zur Mobilität, zum häufigen Berufs- und Ortswechsel. Die Folge davon sind Heimatlosigkeit, Isolierung oder sogar – wie bei ausländischen Mitbürgern immer wieder zu erleben – Diskriminierung. Aus der notwendigen Ordnung der arbeitsteiligen Industriegesellschaft resultiert eine Nivellierung. Sonderverhalten wird zum Risiko der Isolierung. Nivellierung und Isolierung fördern Vermassung. In der Masse kann der Isolierte seine Isolation verdrängen. Er liefert sich dem herrschenden Trend aus. Vermassung folgt aus der verbreiteten Ablehnung persönlicher Verantwortung, Vermassung enthebt aus persönlicher Verantwortung. Die Lösungsversuche v. Nell-Breunings gingen weit über den Einzelfall hinaus.

Der unbestechliche und unbequeme Pater v. Nell-Breuning war niemals Repräsentant einer mächtigen Organisation, die ihn hätte vereinnahmen können. Nur von Gott wußte er sich bedingungslos vereinnahmt. Den Unternehmen stand er ebenso kritisch gegenüber wie den

Gewerkschaften. Seine Überzeugung von der Notwendigkeit einer gewerkschaftlichen Organisierung der Arbeitnehmer ist geprägt vom Gewerkschaftsstreit um 1900. Die Mehrzahl der deutschen Bischöfe hatte sich gegen eine bikonfessionelle christliche Gewerkschaft ausgesprochen. v. Nell-Breuning empfand dies als ungeheures Unglück.

Das Recht der Arbeitnehmer auf gewerkschaftliche Organisierung ist verbunden mit ihrer Verantwortung für die freiheitlich-demokratische Gesellschaftsordnung, in der sie ihrer Aufgabe als „Ordnungsfaktor" gerecht werden müssen. Die Gewerkschaften haben einerseits zur Freiheit der Gesellschaft überhaupt beigetragen, andererseits bleibt diese Freiheit für sie immer Anspruch. v. Nell-Breuning stellt die Aufgaben der Gewerkschaften in einen Zusammenhang mit der Entscheidung für bestimmte Werte und Ziele, die von ihnen gepflegt werden müssen. Insofern sind die Gewerkschaften eine Kulturbewegung, deren Bildungsarbeit v. Nell-Breuning für unverzichtbar hält. Über die Macht der Gewerkschaften ist sich der Altmeister der katholischen Soziallehre im klaren, wenn er schreibt: „Die Gewerkschaftsführung, die in der Lage ist, die Räder eines Groß- oder gar Weltunternehmens stillstehen zu lassen, kann diese ihre Macht ganz ebenso, wenn auch vermutlich in entgegengesetzter Richtung, mißbrauchen wie die Unternehmensleitung die ihre, und der Konflikt zwischen beiden kann zu weiteren politischen Komplikationen führen."

Für P. v. Nell-Breuning soll die freiheitliche Ordnung alle Lebensbereiche, nicht nur den Bereich des Staates, umfassen. Die Freiheit als Gestaltungsprinzip schließt damit auch den Arbeitsplatz ein. v. Nell-Breuning hat den Gedanken der Mitbestimmung entschieden verfochten und als einen Anspruch hervorgehoben, den der arbeitende Mensch aufgrund seiner Arbeit besitzt und den die

KAB auf dem Katholikentag 1949 einforderte. Der Unterstützung des „Querdenkers" v. Nell-Breuning konnte sie sich dabei sicher sein. Er wurde vor allem von katholischen Unternehmern scharf attackiert, als er die Auffassung vertrat, das Konzil bejahe die soziale und wirtschaftliche Mitbestimmung in den Unternehmen. v. Nell-Breuning verstand und versteht Mitbestimmung nicht als ein „Reinreden" der Arbeitnehmer in das wirtschaftliche Management des Unternehmens: „Wenn das der Sinn der Mitbestimmung wäre, dann würde ich sie noch viel entschiedener bekämpfen, als ich mich für die richtig verstandene Mitbestimmung einsetze."

Als wir vor einigen Jahren zusammen mit P. v. Nell-Breuning beim DGB-Bundesvorstand in Düsseldorf waren, setzte er sich entschieden für das neue Unternehmensrecht der KAB ein, wonach aus dem jetzt außenstehenden Vertragspartner Arbeitnehmer ein gleichberechtigtes Mitglied wird. Es ist nicht zuletzt das Werk v. Nell-Breunings, daß sich die Arbeitnehmer in unserem Lande nicht als Außenseiter, sondern als Glieder unserer Gesellschaft fühlen, in der verantwortliche Mitbestimmung gefragt, gefordert und notwendig ist.

Die Frage der Mitbestimmung hat mit den modernen Technologien neue Bedeutung gewonnen. Die Qualität neuer Technologien erfordert auch eine neue Qualität der Mitbestimmung. Neue Techniken sind nur unter gesellschaftlicher Kontrolle zulässig. Damit wird die Forderung der KAB nach Mitbestimmung bei Planungsbeginn, Einführung und Anwendung neuer Technologien berechtigter denn je.

Die KAB versteht sich wie v. Nell-Breuning als Bewahrer und Erneuerer zugleich. Sie erhebt wie er und mit ihm ihre Stimme, wenn der Versuch gemacht wird, offensichtlich Bewährtes ohne Not zu eliminieren, auf der Hand liegende Ungerechtigkeiten ohne Recht zu fundamentieren, will wie er sagen, was engagierte katholische Christen in politischen Fragen denken, um beim Aufbau einer menschlichen Gesellschaft mitzuhelfen. Im Kampf um die 35-Stunden-Woche unterstützte v. Nell-Breuning die Gewerkschaften mit der Bedingung, auf vollen Lohnausgleich zu verzichten. Der Forderung nach der 35-Stunden-Woche bei vollem Lohnausgleich setzte er 1984 mit Ironie entgegen: „Wir sind so gnädig, euch fünf Arbeitsstunden zu überlassen, aber der Lohn für diese Arbeit bleibt bei uns." An oberster Stelle seines Engagements steht die Solidarität mit denen, die keine Arbeit haben.

v. Nell-Breuning stammt aus derselben Stadt wie Karl Marx und besuchte dasselbe Gymnasium. Die wissenschaftliche Herausforderung seines Lebens war die Auseinandersetzung mit dem Marxismus (vgl. in diesem Band S. 136 ff).

Wie Marx konnte und wollte er sich mit den bestehenden Ungerechtigkeiten nicht abfinden. Doch lag ihm als Christ und Katholik nichts ferner als die marxistischen Lösungsversuche, Klassenkampf und Diktatur des Proletariats. Ziel v. Nell-Breunings ist eine *partnerschaftliche* Wirtschaftsweise, die die kapitalistische ersetzt, ein Wirtschaftssystem, das sowohl vom Kapital als auch von der Arbeit organisiert wird. Die KAB erstrebt eine Gesellschaftsordnung, die vom Vorrang der Arbeit vor dem Kapital bestimmt ist.

v. Nell-Breuning lehnt die Reduzierung der Menschheitsgeschichte auf eine Geschichte der Klassenkämpfe als grandiose Simplifikation ab. Dennoch ist sein Urteil über die Person von Karl Marx und über sein Werk differenziert. Die Marxsche Erkenntnis, daß Spannungen zum Wandel führen, ja zur Wandelbarkeit auch grundlegender gesellschaftlicher Institutionen, wurde von ihm übernommen. Insofern wir erkennen, daß Menschen in der Gesellschaft in Spannungsverhältnissen zueinander stehen, haben wir von Marx gelernt, geschichtlich zu denken. Differenziert ist sein Urteil auch deshalb, weil die Kirche sich nicht rechtzeitig aufgemacht hat, die soziale Frage des 19. Jahrhunderts zu lösen. Kritisch stellt er die Frage, wo die Kirche war, als der Arbeiter ohne Hoffnung, elend ausgebeutet wurde. Und ironisch zugespitzt bemerkt er: „Das Schlimmste an dem Marx war, daß er keiner von uns war."

So hat P. v. Nell-Breuning die lange Geschichte der Katholischen Arbeitnehmer-Bewegung als unbestechlicher Gewährsmann und kritischer Anreger begleitet. Dafür gebührt ihm tiefer Dank.

Verfechter weltweiten sozialen Ausgleichs

Von Helmut Schmidt

Gerade ein Jahr alt war Oswald v. Nell-Breuning, als am 15. Mai 1891 Papst Leo XIII. mit der Enzyklika „Rerum novarum" der katholischen Kirche eine neue Dimension öffnete. Diese Enzyklika, die mit den Worten beginnt „Der erwachte Wille nach Neuem", lieferte die Grundmauern für das Gebäude, in dem Pater v. Nell-Breuning sein Leben verbringen sollte und zu dessen Aufwuchs er Unverzichtbares beigetragen hat.

Im Mai 1891 war das Kommunistische Manifest bereits 53 Jahre alt. Sein Mitautor, Karl Marx, Trierer wie Nell-Breuning und Schüler am selben Friedrich-Wilhelm-Gymnasium (vgl. in diesem Band S. 19f), hat für v. Nell-Breunings Denken die beständige Herausforderung, eine Art intellektuelles Widerlager geliefert. Mit seinen eigenen Worten: „Karl Marx ist für die Katholische Soziallehre der große Gegner, dem sie ihren Respekt erweist, indem sie sich mit allem Ernst und in aller Härte mit ihm auseinandersetzt."

Der Satz sagt viel über v. Nell-Breunings geistige Haltung. Ein Gegner – nach einem alten chinesischen Sprichwort – ist immer auch ein Lehrer. Auseinandersetzungen können auch Respekt ausdrücken, ja eigentlich ist nur der große Gegner dieses Respektes würdig. Und schließlich legitimiert dieser Respekt erst Ernst und Härte im Streit.

In den vielen Jahrzehnten seines öffentlichen Wirkens und seiner öffentlichen Wirkung hat v. Nell-Breuning diesen Ernst und bisweilen auch diese Härte spüren lassen –

mit Temperament, mit rhetorischer Brillanz, aber bei aller unbeugsamen Treue im Grundsatz immer nur der Wahrheit der Sache verpflichtet und jener Klarheit der Begriffe und Präzision der Argumente, die der Respekt vor der menschlichen Vernunft als einem Gottesgeschenk verlangt.

Diese Begabungen, die er eben wörtlich als Gabe empfinden durfte, hat v. Nell-Breuning eingesetzt, um einem Skandalon abzuhelfen, nämlich der tiefen Kluft zwischen der katholischen Kirche und der Arbeiterschaft, die am Ende des 19. Jahrhunderts fast unüberbrückbar zu werden schien. Unwillig, sich mit der Lebenswirklichkeit der industriellen Arbeiterschaft auseinanderzusetzen, war die katholische Kirche dabei, den Einfluß auf deren geistige und religiöse Wirklichkeit zu verlieren. Und erst spät, fast zu spät, erinnerte sie sich des quasirevolutionären Kernes ihres eigenen Auftrages, den v. Nell-Breuning an den Worten des großen Antipoden Marx entlang so formuliert hat:

„Wir haben über die Welt nicht geistreich zu philosophieren, sondern – und insoweit stimmt die Lehre Jesu Christi mit derjenigen von Karl Marx überein – sie herzhaft anzupacken, sie zu verändern, gegebenenfalls sie umzukrempeln und vom Kopf auf die Füße zu stellen." Ich gestehe gern: ich habe von Oswald v. Nell-Breuning manches gelernt.

Von „Rerum novarum" über „Quadragesimo anno" – v. Nell-Breunings unauslöschlicher Beitrag – über „Mater et Magistra" und „Populorum progressio" bis in die jüngste Gegenwart, bis zu „Laborem exercens" und „Sollicitudo rei socialis" reicht die Kette der Enzykliken, deren Lehrinhalt einen wesentlichen Beitrag zum Lösungsfortschritt der sozialen Fragen der entwickelten Industriegesellschaften geliefert hat.

Heute steht die katholische Kirche vor einer vergleichbaren neuen Herausforderung. Zur Jahrtausendwende wird Lateinamerika mit einer halben Milliarde Menschen die bevölkerungsstärkste Tochter der Kirche sein. Bevölkerungsexplosion und Entwicklungsrückschritte, Schuldenkrise wie ökologische Krisen verschärfen die sozialen Konflikte. Demokratien existieren nur unter der ständigen Drohung des militärischen Staatsstreichs. Der Reichtum weniger steht dem Elend der Massen gegenüber.

Schon lange ist es klar, daß weder Militärdiktaturen noch marxistische oder pseudo-marxistische Revolutionen einen Weg aus den tatsächlichen Problemen finden. Wer aber könnte den Weg geduldiger, aber beharrlicher Veränderung weisen, wenn nicht die gemeinsame geistige Kraft Lateinamerikas, nämlich die katholische Kirche? Die Verurteilung von Theologien der Befreiung oder gar der Revolution gibt allein die ersehnten Antworten noch nicht.

Diese Kirche hat einmal gehofft, daß Lateinamerika das Beispiel eines gesellschaftlichen Überganges in die entwickelte Industriegesellschaft ohne marxistische Revolution liefern könnte. Doch dazu bedürfte es heute einer katholischen Sozialenzyklika für Lateinamerika, welche die spezifischen politischen und ökonomischen, sozialen und geistigen Dimensionen der Probleme des katholischen Kontinents ausgemesssen hat und dann darauf ihre Antworten aufbaut.

Sie darf dabei nicht die Augen dogmatisch verschließen vor dem engen Zusammenhang zwischen Bevölkerungsexplosion und Unterentwicklung; dieser Zusammenhang ist in Wahrheit ein Teufelskreis. Die aus Christentum und Naturrecht zu schließenden Antworten auf die Probleme der nördlichen Industriegesellschaften und der südlichen Entwicklungsgesellschaften sind keineswegs die gleichen. Für Lateinamerika fehlen sie noch.

Für solche Arbeit brauchte die katholische Kirche abermals einen v. Nell-Breuning. Und sie umfaßt viele, die mit Respekt und Ernst den Spuren des nun im 100. Lebensjahr stehenden Jesuitenpaters nachfolgen könnten. Denn sein lebenslanger Dienst in der Nachfolge Christi hat darin gelegen, denen voranzugehen, die für eine gerechte und friedfertige Gesellschaft der Zukunft arbeiten wollen.

Brückenbauer der Gesellschaft

Von Hans-Jochen Vogel

Wie nur wenige andere hat Pater Oswald v. Nell-Breuning auf die soziale, die gesellschaftliche, die in höherem Sinn politische Entwicklung unseres Volkes und unseres Gemeinwesens Einfluß genommen. Es ist auch sein Werk, daß sich die Arbeitnehmer in unserem Lande heute nicht länger mehr als Außenseiter, sondern als Glieder unserer Gesellschaft fühlen und es für sinnvoll halten, *in* dieser Gesellschaft für ihre eigenen Rechte und für eine bessere Ordnung der Verhältnisse einzutreten. Ausgehend von der katholischen Soziallehre hat er den Gedanken der Mitbestimmung mit Entschiedenheit verfochten, die Beteiligung der Arbeitnehmer am Produktivvermögen gefordert, die Dynamisierung der Renten betrieben und die Reform des Bodenrechts immer aufs neue thematisiert – um nur einige Bereiche seines breit gefächerten Wirkens zu nennen. Und er hat beharrlich Gräben eingeebnet, zumindest aber abgeflacht, die noch in seiner Jugend für kaum überbrückbar galten. Zum Beispiel den Gegensatz zwischen Kirche und Arbeitnehmerschaft, aber auch zu den Gewerkschaften oder den zwischen der Kirche und wesentlichen politischen Kräften unserer Republik.

Sein großes Lebenswerk hat v. Nell-Breuning als einzelner, allein, mit der Kraft seines Wortes, mit weit über tausend Publikationen und unzähligen Vorträgen, Gesprächen und Beratungsbeiträgen erbracht. Er war nie der Repräsentant einer Organisation, die machtvoll hinter ihm gestanden hätte. Nie hat er sich im weltlichen Sinne vereinnahmen lassen, keine der vielfältigen Schablonen hat auf ihn gepaßt. Indes: Eine so breite Wirkung wäre kaum erreichbar gewesen ohne die überzeugende Glaubwürdigkeit und die – in aller Strenge und Kargheit – Liebenswürdigkeit seiner Person. Deshalb haben sich ihm viele Menschen geöffnet, haben so viele auf ihn gehört, ihm vertraut, ja sich ihm anvertraut.

Über den Inhalt dessen hinaus, was Oswald v. Nell-Breuning sagte, ist er ein personifiziertes Stück politischer und geistiger Kultur. Ludwig Preller hat zu Recht schon zu seinem 75. Geburtstag von ihm als einem Praeceptor populi gesprochen.

Quelle seiner Kraft – dies ist in vielen Begegnungen immer wieder zu erfahren gewesen – ist sein Glaube. Ich kann dies hier nur andeuten. Kardinal Döpfner hat anläßlich der Verleihung des Romano-Guardini-Preises im März 1972 zu ihm gesagt: „Sie mögen manchmal ein nicht ganz bequemer innerkirchlicher Partner gewesen sein, und der Schlagabtausch mag manchmal nicht ganz einfach gewesen sein, aber Sie waren immer tief hineingewurzelt in Christus, in die Kirche und auch in Ihren Orden."

Auch wenn es mir als Vorsitzendem einer politischen Partei nicht zukommt, diese Erfahrung in besonderer Weise zu belegen, möchte ich doch auch aus der Sicht der deutschen Sozialdemokratie dafür danken, daß er seinen Glauben in die reale Welt hinein hat Frucht tragen lassen, daß er nie vor dem Dialog mit denen zurückgewichen ist, die den Glauben nicht teilten, daß er den Pluralismus unserer Gegenwart nicht nur erduldete, sondern bejahte und daß er den Andersdenkenden nie die Achtung verweigerte.

„In Fragen der Wahrheit entscheidet niemals die Macht." Dieser Satz, den er schon vor langem niederschrieb, legt davon Zeugnis ab.

Bis ins gesegnete Alter, das ihm beschieden ist, hat Pater v. Nell-Breuning die sozialen Entwicklungen unseres

Landes aktiv begleitet. Unvergessen ist seine präzise Übersetzung der Enzyklika „Laborem exercens" von Johannes Paul II. aus dem Jahr 1982 und der hilfreiche Kommentar, der es möglich macht, die Kernaussagen dieses neuen Dokuments der katholischen Soziallehre in die aktuellen Diskussionen einzubringen.

Immer wieder erinnere ich mich an eine meiner ersten Begegnungen mit Pater v. Nell-Breuning anläßlich der berühmt gewordenen Tagung „Christentum und demokratischer Sozialismus", die 1958 von der Katholischen Akademie in Bayern veranstaltet wurde. Oswald v. Nell-Breuning hatte zu referieren über „Die politische Verwirklichung der christlichen Soziallehre". Nach einer knappen und präzisen Darstellung der Zentralbegriffe und Grundsätze der katholischen Soziallehre sprach er über den Weg zur Verwirklichung, der nicht über die Vergewaltigung, sondern „nur über die Überzeugung" führe. Grundsätze müssen „glaubhaft" gemacht werden, und dazu „trägt nichts so sehr bei wie die eigene Glaubwürdigkeit dessen, der einen Grundsatz zu haben nicht nur vorgibt, sondern ihn wirklich hat und in seinem Handeln danach verfährt". Dann erst könne man gemeinsam „daran arbeiten, Lösungen zu finden, die diesen Grundsätzen gerecht werden".

Damit hat v. Nell-Breuning eine Grundregel für den aus Grundsätzen abgeleiteten Beitrag der Kirche zu den Gestaltungsprozessen in Gesellschaft und Politik aufgestellt. Diese Sätze aus dem Jahre 1958 (übrigens ganz am Beginn eines zaghaften Dialogs zwischen Sozialdemokratie und katholischer Kirche) haben den Weg gewiesen, auf dem immer wieder Menschen unterschiedlicher Grundsätze und Überzeugungen zu gemeinsamer Arbeit für eine menschenwürdige Zukunft zusammengefunden haben.

Für seine lebenslange Mühe sei Pater Oswald v. Nell-Breuning herzlich gedankt.

Der Lehrer der Arbeiter

Von Franz Alt

Beim Festakt zum 90. Geburtstag von Professor v. Nell-Breuning sollte ausgerechnet sein schärfster wissenschaftlicher Gegner innerhalb der katholischen Soziallehre, der konservative Münsteraner Professor Wilhelm Weber, den Festvortrag halten. Kardinal Höffner hatte das so arrangiert. Als Oswald v. Nell-Breuning davon erfuhr, hat er nicht empört ausgerufen: „So eine Frechheit", sondern eher besorgt und leise, allenfalls ironisch gefragt: „Kann man dem Mann so etwas zumuten?"

Bei diesem Festakt waren zur Gratulation vertreten: das Bundesarbeitsamt, die Kirchen, die SPD und die CDU sowie – natürlich – die Gewerkschaften. Heinz-Oskar Vetter nannte den Jubilar seinen Freund. Es fehlten Vertreter der Wirtschaft und der FDP! Norbert Blüm nannte den greisen Jesuitenpater dabei „Lehrer der Arbeiter". Und Hans-Jochen Vogel sagte, es sei wesentlich v. Nell-Breunings Verdienst, daß sich deutsche Arbeiter in der Bundesrepublik nicht als Außenseiter fühlen.

So hat die Öffentlichkeit den jetzt 99jährigen jahrzehntelang kennengelernt:

Ein Priester, aber nie ein Kirchenmann
Ein politischer Mensch, aber nie ein Parteimitglied
Ein Freund der Arbeiter, aber nie ein Gewerkschaftsmitglied.

Den berühmten „Platz zwischen den Stühlen" suchte er, weil dies für ihn der Platz der Wahrheit ist.

Im Herbst 1980 habe ich ihn auf einem CDU-Kongreß

im Bonner Adenauer-Haus erlebt. Ob er während seiner Rede sitzen wolle, hatte Heiner Geißler den 90jährigen gefragt. Nein, im Stehen könne er besser angreifen, hatte v. Nell-Breuning gedroht. Und dann rechnete er – ohne Manuskript – einem verdutzten Parteivolk vor, daß auch die CDU die Wähler betrüge, wenn sie den Eindruck erwecke, sie könne die bruttolohnbezogene Rente finanzieren. Das war mitten im Bundestagswahlkampf! Und Heiner Geißler hatte Minuten vorher erst der SPD die berüchtigte „Rentenlüge" vorgeworfen. v. Nell-Breuning konterte: die Politik der Wahlgeschenke „empört mich. Ich fühle mich in meiner Menschenwürde dadurch angegriffen, durch dieses Verhalten." Kein Beifall, kein Widerspruch, peinliches Schweigen. Kurz zuvor hatte Norbert Blüm den Jesuiten einen „Sokrates im Jesuitenrock" genannt. Das hatte er nun davon!

Am nächsten Morgen feierte der Priester die Messe mit einigen Ordensschwestern in Offenbach. Dafür lief er zunächst eine Stunde zu Fuß von St. Georgen nach Offenbach und nach der Messe wieder eine Stunde zurück. Er tat dies jahrzehntelang. „Ich spare Fahrgeld und bleibe gesund", war seine Begründung. Sein Beten wurde konkret im Alltag. Katholische Soziallehre heißt für ihn zuallererst: Religion und Alltag gehören zusammen.

Zu seinem 91. Geburtstag habe ich ihn in der Frankfurter Jesuitenhochschule St. Georgen besucht. Auf 20 Quadratmetern lebt, schläft und arbeitet er – bis heute. Eine Sekretärin hatte er nie. „Sekretärinnen können sich Gewerkschaftsfunktionäre leisten, nicht aber Wissenschaftler, die für Gewerkschaften arbeiten", meinte er lachend. In seinem einfachen Zimmer haben ihn Kanzler und Minister, Gewerkschaftsbosse und Parteifunktionäre besucht, aber nie ein Bischof, „obwohl hier in der Hochschule schon viele Bischofskonferenzen waren". Er sagt es nicht vorwurfsvoll, er wundert sich nur. Bischöfe tun sich mit v. Nell-Breuning noch schwerer als Unternehmer. Ob denn die Gewerkschaften immer seine progressiven Thesen teilen, will ich wissen. „Sicher nicht", meint er, „Gewerkschaften sind immer noch etwas konservativer als die Kirchen."

Für ein Fernseh-Porträt beobachtete ich den katholischen Soziallehrer 1981 bei der Evangelischen Akademie in Kassel. Die Verbindung von Kopf- und Handarbeit bei den kommunistischen Chinesen nennt er „durchaus christlich". Eine Stunde nach der Diskussion sitzt er im Fernsehstudio des Hessischen Rundfunks. Einige Tage zuvor hatte er in München vor Führungskräften der Wirtschaft gesprochen. Zuvor in Tübingen vor 800 Studenten. In Kassel redete und diskutierte er mittags vier Stunden und am nächsten Morgen drei Stunden. Am Abend hatte er einen Vortrag in Duisburg. Hätte ich in jener Woche alle öffentlichen Aktivitäten des 91jährigen filmen wollen, ich hätte aus arbeitsrechtlichen Gründen mehrmals mein Kamera-Team wechseln müssen.

In Sankt Georgen haben ihn seine Mitbrüder im großen Garten der Jesuitenhochschule nie allein spazierengehen sehen. „Was soll denn Nell-Breuning allein im Garten, da steht doch keine Schreibmaschine", meint einer, der ihn gut kennt. „Jesuiten", sagte v. Nell-Breuning selbst, „sind kasernierte Individualisten." Ich frage ihn zum Abschied, wo wir das Fernsehinterview machen wollen. „Im Garten, dann habe ich gleich frische Luft."

Ausschnitt aus dem Interview: Frage: „Sie haben einmal gesagt, wir stehen alle auf den Schultern von Karl Marx. Wie meinen Sie das?" v. Nell-Breuning: „Marxsche Erkenntnisse hat heute jeder, nur wissen's die Menschen nicht, daß sie's von ihm haben."

Frage: „Was haben Sie sich noch für die letzten Jahre

Ihres Lebens persönlich vorgenommen?" v. Nell-Breuning: „Ich habe überhaupt keine Pläne. Ich gehe aufs Ende zu, denke, beim Herrgott gut anzukommen."

Frage: „Haben Sie Angst vor dem Tod?" v. Nell-Breuning: „Wenn ich sage, ich denke, bei ihm gut anzukommen, dann habe ich gewiß keine Angst."

Frage: „Was war für Sie das Wichtigste in Ihrem Leben?" v. Nell-Breuning: „Den Weg zu gehen, den Gott mich führt."

Die Botschaft des Umdenkens

Von Franz Steinkühler

I

Professor Oswald v. Nell-Breuning lernte ich persönlich im April 1984, wenige Wochen vor dem Streik der IG Metall zur Durchsetzung der 35-Stunden-Woche, kennen. Als Gewerkschaftssekretär und später als Bezirksleiter der IG Metall in Stuttgart hatte ich mich mit seinen Vorstellungen beschäftigt und sein waches Engagement für die soziale Frage mit Interesse verfolgt und sein konkretes Eintreten für Mitbestimmung und für die Einheitsgewerkschaft schätzengelernt.

Als ich mich mit ihm in Frankfurt zu einen Gespräch verabredete, stand die Tarifauseinandersetzung um die Wochenarbeitszeitverkürzung in einer schwierigen Phase. Seit vier Monaten verhandelten wir ohne Ergebnis mit den Metallindustriellen, die nicht bereit waren, eine Minute unter vierzig vertraglich einzuräumen. Die Anzeichen deuteten auf eine weitere Verschärfung der Auseinandersetzung hin, und ein Streik war nicht mehr auszuschließen.

Pater v. Nell-Breuning empfing mich freundlich in seinem Wohn- und Arbeitszimmer im zweiten Stock der Hochschule St. Georgen in Frankfurt. Wir saßen uns gegenüber, und ohne Umschweife und lange Vorrede kamen wir ins Gespräch. Es drehte sich zunächst um die Arbeitszeitverkürzung und den aktuellen Konflikt. Zwischendurch wurden andere gesellschaftspolitische Fragen und auch grundsätzliche Probleme der Einheitsgewerkschaft angesprochen. Ich war verblüfft, und mein Staunen über diesen Pater, über seine Kenntnisse und seine Weisheit wichen allmählich einer Hochachtung. Vor mir saß ein Mann – nach gängigen Vorstellungen und dem Alter nach ein Greis –, der die aktuelle Auseinandersetzung kritisch kommentierend begleitete, sich einmischte, wenn es ihm geboten schien, und seine Meinung unmißverständlich und eindeutig zum Ausdruck brachte.

Die Resonanz seiner öffentlichen Einlassungen war beachtlich. So auch in diesem aktuellen Konflikt um die Arbeitszeitverkürzung. Das Ziel der 35-Stunden-Woche bejahte er nachdrücklich. Allerdings sprach er sich für die 35-Stunden-Woche ohne vollen Lohnausgleich aus. Zugleich, und das unterschlagen die Gegner der 35-Stunden-Woche bei ihrem Verweis auf v. Nell-Breuning, unterstrich er den positiven Beschäftigungseffekt der Arbeitszeitverkürzung. Mit seiner Aussage waren wir in der publizistischen Auseinandersetzung oft konfrontiert worden. Wir hätten gerne eine Unterstützung unseres Argumentes der Arbeitszeitverkürzung mit vollem Lohnausgleich aus seinem Munde gehört. Die Diskussion zwischen uns beiden kreiste um diese Fragen. Sie endete, ohne daß einer seinen Standpunkt aufgab, jedoch auch ohne eine Bitternis, wie sie nach kontroversen Diskussionen oft zurückbleibt. Das Gespräch mit ihm regte mich an; ich vergaß, daß ich mit einem Menschen redete, der im Jahre 1890 geboren war. Es war dasselbe Jahr, in dem die Arbeiterbewegung zum ersten Mal den 1. Mai als Kampftag feierte. Welch eine Zeitspanne, die sein Leben überbrückt! Von der Art der Diskussion und den Gedanken, die er aussprach, war ich begeistert. Noch lange habe ich über diese Begegnung nachgedacht.

II

Der Jesuitenpater Oswald v. Nell-Breuning war von seiner Herkunft und von seinem Werdegang her nicht dazu bestimmt, sich ein Leben lang mit der sozialen Frage und der katholischen Soziallehre zu beschäftigen. Der Sohn eines Landgutbesitzers, ein Kind des Adels, Priester und Bürger der Grenzregion, wie Karl Marx in Trier geboren, war Interpret der Soziallehre und zugleich ein konstruktiver und fruchtbarer Denker, der diese Ideen aufgriff, mit den Realitäten des Lebens konfrontierte und weiterentwickelte. Sein großes wissenschaftliches und publizistisches Werk ist gerade für die gewerkschaftliche Arbeit von Bedeutung, weil ihm immer wieder erfolgreich der Versuch gelang, die Alltagswirklichkeit aus sozialer und humaner Sicht zu interpretieren und Vorschläge zu deren Gestaltung aus den Ideen der christlichen Soziallehre zu entwikkeln.

Er hat in der Kirche und darüber hinaus manchen Protest ausgelöst. Im Jahre 1974 geißelte er auf der Gemeinsamen Synode der (katholischen) Bistümer in der Bundesrepublik Deutschland die sozialen Versäumnisse der Kirche. Sein Wort vom „fortwirkenden Skandal" empfanden viele Katholiken, vor allem viele kirchliche Würdenträger, als unpassend. Er hielt seiner Kirche den Spiegel vor, weil er sie ändern wollte.

Pater v. Nell-Breuning hat sich als Anwalt der kleinen Leute, der Unterdrückten und Benachteiligten verstanden. Der bedeutende katholische Sozialwissenschaftler, der sein Leben als Arbeit versteht, hält es für die erste Christenpflicht, in dieser Welt für Gerechtigkeit zu sorgen. Die Gewerkschaften ehren den Wissenschaftler und Lehrer, der weit über die katholische Kirche hinaus wichtige Anstöße gab, der auch viele freiheitliche Sozialisten mit seinen Gedanken und Ideen beeinflußt hat. Im Jahre 1980 haben die Gewerkschafter Pater v. Nell-Breuning mit dem Hans-Böckler-Preis geehrt. Die Politik der Gewerkschaften hat der Sozialwissenschaftler aufmerksam begleitet. Er hat aktiv mit dazu beigetragen, die Einheitsgewerkschaft zu stärken.

Nachdenkenswert sind auch heute noch seine Worte über die Einheitsgewerkschaft, die er im Jahre 1962 in den „Stimmen der Zeit" veröffentlichte: „Die Einheitsgewerkschaft ist ein hohes und darum vielleicht nicht gleich im ersten Anlauf voll zu erreichendes Ziel. Will man es unverfälscht verwirklichen, dann gilt es an erster Stelle, dieser wohlgefälligen Selbsttäuschung zu entsagen, mit der man sich vorspiegelt, das Ziel sei bereits erreicht. Das Werk ist noch keineswegs geschafft: Es liegt noch vor uns."

Pater v. Nell-Breuning hat immer wieder zum Umdenken aufgerufen, zum Verzicht auf das Sichabfinden mit einem tatsächlichen oder vermeintlichen Schicksal. Diese Botschaft des Umdenkens nehmen wir als sein Geschenk, das er uns zu seinem 99. Geburtstag neu überreicht. Er ist kein Denkmal, vielmehr ein Denker, der Nestor der katholischen Soziallehre, ein Freund der Gewerkschaften.

Anwalt der sozial Schwachen

VON HEINZ-OSKAR VETTER

Klarheit und Unerschrockenheit sind die Lebensprinzipien, an denen sich Oswald von Nell-Breuning zeit seines Lebens orientiert hat. Die katholische Soziallehre, deren hervorragender Interpret v. Nell-Breuning ist, ist von dem Ethos, von der Verpflichtung getragen, dem Schwachen zu dienen. Die Arbeitnehmer sind die sozial schwächeren, deswegen hat sich v. Nell-Breuning ständig den Arbeitnehmern und ihren Gewerkschaften verpflichtet gesehen. Will man das Werk Oswald v. Nell-Breunings würdigen, muß man seinen überragenden Einfluß auf die Entwicklung und Ausgestaltung des Sozialstaates in der Bundesrepublik, seinen Einsatz für die Einheitsgewerkschaft, sein unerschrockenes und dabei wirkungsvolles Eintreten für die Mitbestimmungsrechte der Arbeitnehmer in Staat, Wirtschaft, Kirche und Gesellschaft aufzeigen.

In der Feierstunde aus Anlaß des 90. Geburtstages von Oswald v. Nell-Breuning am 6. März 1980 in Köln habe ich damals als DBG-Vorsitzender die ungewöhnliche Bedeutung dieses Mannes für alle politisch, wirtschaftlich und gesellschaftlich wirkenden Gruppen, Organisationen und Menschen in unserem Lande gewürdigt. Die damals formulierten Sätze sind durch das weitere Wirken v. Nell-Breunings nur noch bestätigt worden, deshalb gilt damals wie heute:

„Wir alle zusammen sind kaum in der Lage, die Tiefe der Bereicherung voll auszuloten, die v. Nell-Breuning seiner Gesellschaft, seiner Nation und seiner Kirche gegeben hat. Er hat die gesellschaftlichen Prozesse seiner Zeit mitgestaltet, und dies geschah von der unscheinbaren Studierstube seiner Hochschule aus. Es war die Kraft des Geistes und der Moral, die diese erstaunliche Wirkung im Leben einer modernen Gesellschaft hervorrief."

Martin Luther zitierte häufig jenes Wort aus dem Neuen Testament: „Was hülfe es dem Menschen, wenn er die Welt gewönne und nehme doch Schaden an seiner Seele." Nun, Oswald v. Nell-Breuning hat auf seine Weise die Welt gewonnen und – soweit mir als Mensch dies Urteil zusteht – keinen Schaden an seiner Seele genommen. Im Gegenteil, er hat sich und – was noch wichtiger ist – andere vor Verletzungen bewahrt. Wenn man als Außenstehender sein Leben und Werk betrachtet, es bis in die jüngste Zeit verfolgt, dann kommt man zu der verblüffenden Erkenntnis, daß er trotz seines hohen Alters seine Arbeit nie abgeschlossen hat. Er hat sich niemals zur Ruhe gesetzt.

So sehe ich es als meine vornehmste Aufgabe an, Oswald v. Nell-Breuning neben meinem persönlichen Dank vor allem den der Gewerkschaften abzustatten. Für viele Jahrzehnte hat er uns seine Freundschaft bewahrt, und das war in all dieser Zeit eine Freundschaft, die, wenn es ihm notwendig erschien, durch kritische Distanz gekennzeichnet war. Aber gerade dieser Unvoreingenommenheit verdanken wir fruchtbare Anregungen für unsere programmatischen Diskussionen, aber auch für die praktische Alltagsarbeit. Wir haben v. Nell-Breunings Arbeit eigentlich nie als reine Theorie begriffen. Er wollte sie vielmehr stets auf die unmittelbaren Probleme der Arbeitnehmer in der Gesellschaft und im Betrieb bezogen wissen. Das Verhältnis von Arbeit und Eigentum, der unbestrittene Wert der Mitbestimmung, Fragen der Solidarität und die Probleme der Einheitsgewerkschaft stehen im Zentrum seiner

Überlegungen. Vor allem anderen ist dem Menschen der höhere Wert zuzuordnen. Gemeinwohl und Selbstverwirklichung des Menschen – daran haben sich die dinglichen Werte des Eigentums auszurichten. Mit diesen Stichworten, die die entscheidenden Punkte seines Grundgebäudes markieren, können sich die Gewerkschaften mit Oswald v. Nell-Breuning identifizieren.

„Ihr Werk, lieber, verehrter Kollege und Freund, weist uns in die Zukunft, und dazu darf ich Ihnen und uns mit dem Gruß des Ruhrreviers von ganzem Herzen ‚Glück auf' wünschen!"

Vermittler zwischen Kirche und Wirtschaft

Von Franz Greiss

Ich lernte Pater v. Nell-Breuning kennen auf der von der niederländischen katholischen Arbeitgebervereinigung veranlaßten Besprechung über die Gründung eines katholischen Arbeitgeberverbandes in Burgsteinfurt am 23. Juli 1948. Er referierte hier und später bei der Zusammenkunft, in welcher die Gründung eines Bundes katholischer Unternehmer beschlossen wurde, am 8. Januar 1949 über das Engagement katholischer Unternehmer in Wirtschaft und Gesellschaft gemäß den Prinzipien der katholischen Soziallehre. Meinen Wunsch, geistlicher Berater des BKU (Bund katholischer Unternehmer) zu werden, lehnte er ab, wies aber auf den damaligen Professor, den späteren Kardinal Joseph Höffner hin. Dieser wurde in der Gründungsversammlung am 26. März 1949 gewählt und von Kardinal Frings bestätigt. Die Gründe für seine Ablehnung hat v. Nell-Breuning später in einem Fernsehinterview aus Anlaß des 80. Geburtstages von Kardinal Höffner erläutert.

Es blieb bei einem losen Kontakt. Seine Veröffentlichungen habe ich stets mit besonderem Interesse gelesen und vieles daraus gelernt. Besonders seine klaren Begriffsbestimmungen, auch den Arbeitnehmern gegenüber, denen er sich mehr verbunden fühlte als den Unternehmern, haben mich tief beeindruckt. Mit vielem ging ich einig, aber als alter Betriebspraktiker hatte ich zu prüfen, wie seine Ansichten tatsächlich durchzuführen waren.

Gar nicht einverstanden konnte ich mit seiner Forderung nach paritätischer Mitbestimmung sein. Wenn ich ihn recht verstehe, so sagte er: „Paritätische Mitbestimmung ist eine Forderung des Konzils.“ Selber hat er in einer Veröffentlichung der schweizerischen Zeitschrift „Orientierung“ vor Jahren erklärt, das Problem der paritätischen Mitbestimmung liege in der Auflösung der Pattstellung. Für mich aber ist die paritätische Mitbestimmung ein Entscheidungsverhinderungsgremium. Nur kann mir keiner klarmachen, daß in einem Unternehmen eine verhinderte Entscheidung keine sei und keine Konsequenzen habe. Politiker reden im übrigen nicht von Parität, sondern von Pattstellung, obgleich diese mit der nächsten Wahl wieder beseitigt werden kann, während sie den Unternehmen die Pattstellung „auf ewige Zeit“ verschreiben. Ich bin für die gesetzliche Regelung der Mitbestimmung im Betrieb, da die Wahrnehmung der Rechte und Interessen der Arbeitnehmer institutionalisiert wird. Das heißt aber gleichzeitig, daß derjenige bei Nichteinigung die letzte Entscheidung treffen muß, dem das Gesetz die Verantwortung und Haftung für die Konsequenzen auferlegt.

In meinem Vortrag beim Bochumer Katholikentag (1949) habe ich gesagt: „Es wird in sehr vielen Fällen bei gutem Willen und verständnisvoller Zusammenarbeit eine Übereinstimmung oder eine Vereinbarung erzielt werden können. Es wird aber auch Fälle geben, wo eine gegenteilige Meinung über eine bestimmte Maßnahme besteht. (...) Hier muß derjenige dann die letzte Entscheidung fällen, der die größere Verantwortung zu tragen hat. Die größere Verantwortung trägt der Arbeitgeber.“

Anfang der fünfziger Jahre entstand im kleinen Kreis des BKU eine Diskussion über Firmenpensionskassen. Diese entwickelte sich zu einer Frage der Rentenversicherung. Hieraus ergab sich eine mehrjährige, intensive Korrespondenz zwischen Pater v. Nell-Breuning und Dr. Wilfrid Schreiber, in der die Formulierungen für die Denkschrift Schreibers zur Rentenreform entwickelt wurden. Wenn Dr. Schreiber als „Vater der dynamischen Rente" bezeichnet wurde, so ist v. Nell-Breuning eine geistige „Mitvaterschaft" zuzugestehen. In seinem Vortrag „Drei Generationen in Solidarität – Rückbesinnung auf den echten Schreiberplan" hat v. Nell-Breuning noch einmal ausführlich auf die Zusammenarbeit hingewiesen.

Angeregt durch Veröffentlichungen v. Nell-Breunings und der Absicht, die katholische Soziallehre in der Praxis, auch im Betrieb anzuwenden, warf ein BKU-Mitglied die Frage auf: „Kann man nach der Soziallehre einen Betrieb führen und leiten?" Ich habe versucht, dazu eine Schrift unter dem Titel „Sozialethik und Soziallehre in betrieblicher Praxis" vorzulegen. Es sollte eine Dokumentation der relevanten Aussagen aus den Enzykliken und Papstansprachen sein und darstellen, wie sich deutsche Betriebe dazu verhalten. Es hat mich gefreut, daß Pater v. Nell-Breuning, den ich als kritischen Beobachter kenne und achte, mich zu dieser Schrift beglückwünschte.

Das große Verdienst v. Nell-Breunings ist, daß er durch seine zahlreichen Veröffentlichungen die Bedeutung der katholischen Soziallehre einer breiten Öffentlichkeit vermittelt hat. Ich glaube sogar, daß er mitbewirkt hat, daß das Gespräch Kirche–Wirtschaft auf breiter Basis wieder in Gang kam. Der Mensch rückt wieder in den Mittelpunkt wirtschaftlicher und betrieblicher Überlegungen, und die Diskussion über Ethik, Moral und Glaubwürdigkeit gewinnt bei uns und in der ganzen Welt mehr und mehr an Beachtung.

Für die Umsetzung von Erkenntnissen in die Praxis von Betrieb und Verband habe ich von Oswald v. Nell-Breuning viel gelernt. Dafür bin ich ihm dankbar.

Streiter für eine menschenwürdige Gesellschaftsordnung

VON PETER H. WERHAHN

Am 12. August 1948 hatten wir in unserer kleinen, bescheidenen Etagenwohnung einen prominenten Logiergast: Professor Dr. Oswald v. Nell-Breuning SJ, der – Mitverfasser der berühmten Sozialenzyklika „Quadragesimo anno" (1931) – als einer der bedeutendsten Vertreter der Katholischen Soziallehre bekannt war. Es war ein ungewöhnlicher Gast, eine schmale, hagere, hohe Gestalt mit scharf geschnittenen asketischen Gesichtszügen. Er sprach leise, war sehr höflich und bescheiden, aber von einer auffallenden, fast abweisenden Zurückhaltung. Wir, vor allem meine Frau, vermißten die Ausstrahlung menschlicher Wärme und einen Schuß Humor, die wir bei einem anderen gelegentlichen geistlichen Besucher, unserem Onkel, dem Kölner Kardinal Joseph Frings, so schätzten.

Für mich war das Gespräch mit Pater v. Nell-Breuning über Fragen der Katholischen Soziallehre und deren Rolle in unserer sich nach dem verheerenden Krieg entwickelnden neuen Wirtschaftsgesellschaft, aber auch Fragen zur Vorbereitung des im Herbst 1949 geplanten Katholikentages und der dort zu diskutierenden Mitbestimmungsproblematik von großem Interesse.

Meiner Frau erschien er ein wenig wie ein steinerner Gast, dessen intellektuelle Denk- und Sprechweise und die eher distanzierende Höflichkeit ihr unbehaglich waren. Pater v. Nell-Breunings Erscheinung war schon damals kaum anders als 1981, als wir ihn zum letzten Mal gesehen haben. Er wirkte gebrechlich und so, als ob er nicht mehr sehr lange zu leben hätte – ein Eindruck, der, wie man heute konstatieren muß, offenbar falsch war. Aber damals schien es uns so, und deshalb verwunderte es auch nicht, daß v. Nell-Breuning trotz seiner geistigen Geburtshilfe bei der Vorbereitung der Gründung des Bundes katholischer Unternehmer (BKU) an der eigentlichen Gründungsversammlung am 26./27. März 1949 in Königswinter nicht teilnahm „wegen seiner in selbstloser Berufsarbeit allzu sehr geschwächten Gesundheit", wie es im Protokoll über die Gründungsversammlung heißt.

Wenn man das Lebenswerk dieses Mannes zu überblikken versucht, aus persönlichen Begegnungen, seinen vielen Vorträgen und unzähligen Veröffentlichungen, dann beeindruckt die Geradlinigkeit seines Denkens. Es ist eigentlich immer nur eine Grundmelodie, nämlich die Lösung sozialer Probleme der Gegenwart mit Hilfe der Grundsätze der Katholischen Soziallehre (Subsidiarität, Solidarität, Gerechtigkeit), die er immer wieder variiert, orchestriert, in anderen Tonarten und Modulationen vorträgt. Daß dies nicht eintönig oder gar langweilig wird, hängt auch damit zusammen, daß er mit einem großen Gespür für die gesellschaftliche Veränderung begabt ist, auf die er mit seinem Denken reagiert. Auch seine Formulierungskunst, die es ihm erlaubt, komplizierte Sachverhalte für eine breite Zuhörerschaft verständlich darzustellen, ist ein Merkmal seines Stiles. Auffallend ist allerdings auch eine gewisse Neigung zu spitzfindigen Interpretationen, die manchmal bis ins Philologische hineingehen, wenn es darum geht, kirchenamtliche Texte so zu interpretieren, daß sie in seine Denkvorstellung passen. Man spürt dabei oft auch den Juristen, der v. Nell-Breuning ursprünglich war und dem es besonders wichtig ist, formale begriffliche Klarheit zu schaffen. Eine Aussage, wie sie sein Ordensbruder H. J. Wallraff gewagt hat, der sagte, „die Katholische Soziallehre ist ein System offener Sätze“, käme ihm gewiß nicht in den Sinn.

Der tiefste Grund seines sozialethischen Engagements liegt in seinem Priestertum: Er will den Menschen aus den Einsichten seines christlichen Glaubens helfen.

Die soziale Gruppe, der er sich am intensivsten gewidmet, wohl auch als Priester verpflichtet gefühlt hat, war die Arbeiterschaft. Daher rührt auch seine enge Verbindung zu den Gewerkschaften. Aber es wäre falsch, daraus zu schließen, er habe die Unternehmer, die andere wichtige Gruppe im Spiel der wirtschaftlichen und gesellschaftlichen Kräfte, vernachlässigt oder gar mißachtet. v. Nell-Breuning argumentiert in aller Regel sehr differenziert. Das konnte aber nicht immer verhindern, daß Interessengruppen einzelne seiner Argumente herausgriffen und für sich in Anspruch nahmen. So gibt es auf seiten katholischer Arbeitnehmer eine Gruppe, die den sogenannten Laborismus, eine Art Arbeiterselbstverwaltung, propagiert und sich dabei auf v. Nell-Breuning beruft, der dieses System eher skeptisch und als wohl nicht praktikabel beurteilt.

Die starke Betonung des Rechtspositivismus in den zwanziger Jahren machte es den Nationalsozialisten leicht, den Schein des Rechtsstaates aufrechtzuerhalten, obgleich ihre Gesetze mehr und mehr zum Unrecht führten. Der ehemalige Bundestagspräsident Jenninger hat in seiner Bundestagsrede aus Anlaß der sogenannten Reichskristallnacht mit Recht darauf hingewiesen, daß die Nationalsozialisten den Rechtsstaat in einen Unrechtsstaat verwandelt haben, unter Aufrechterhaltung der äußeren Bedingungen der Rechtsstaatlichkeit im Sinne positivistischer Rechtsauffassung. So wurde das positivistische Rechtsdenken von den

Nationalsozialisten vollständig diskreditiert. Nach dem Kriege entstand daher ein starkes Bedürfnis, auch rechtstheoretisch eine neue Grundlage für die Ordnung des Gemeinwesens und die dieser zugrunde zu legenden Sozialethik zu schaffen. Dies führte zu einer Renaissance des Naturrechts. Auch in der Wirtschaft entstand ein deutliches Bedürfnis, das eigene Handeln wieder an verläßlichen ethischen Grundsätzen zu orientieren.

In dieser Situation kam es zur Gründung des Bundes katholischer Unternehmer. Die Verantwortlichen einzelner großer Unternehmungen wollten sich Klarheit verschaffen über die ethischen Grundlagen ihres Handelns. So wurde ich kurz nach dem Krieg gebeten, den als katholischen Gesellschaftswissenschaftler bekannten Jesuiten, Pater Oswald v. Nell-Breuning, einzuladen zu einem Gespräch mit dem damaligen Generaldirektor der Deutschen Kohlenbergbauleitung, der der gesamte Steinkohlen- und Braunkohlenbergbau unterstellt war, Heinrich Kost, und dem Aufsichtsratsvorsitzenden des Rheinisch-Westfälischen Elektrizitätswerkes (RWE), dem der größte Teil der Rheinischen Braunkohle gehörte, Wilhelm Werhahn. Dieses Gespräch fand in Neuss statt. Ich selbst habe daran teilgenommen. P. v. Nell-Breuning dozierte in seiner strengen und klaren Art über die auf dem Naturrecht beruhenden Grundsätze der Katholischen Soziallehre und deren Konsequenzen für die Menschenführung in den Unternehmen.

Die beiden Unternehmer waren von den Ausführungen v. Nell-Breunings stark beeindruckt. Heinrich Kost fühlte sich durch dieses Gespräch ermutigt, unter der Mitarbeit von Professor Höffner, dem späteren Kölner Kardinal, durch einen Ausschuß „Der Mensch im Betrieb", eine Sozialordnung für den Bergbau zu erarbeiten. Diese Arbeit bildete die Grundlage für ein Gespräch zwischen

Heinrich Kost und dem Erzbischof von Paderborn, dem späteren Kardinal Jaeger, über die Möglichkeit der Mitwirkung der beiden christlichen Konfessionen bei einer gemeinsamen Sozialarbeit. Das Thema lautete: Wie können die menschlichen Beziehungen im Betrieb verbessert werden? Es sollte ein Versuch sein, das veraltete Klassenkampf-Modell zu überwinden.

Am 28. Juni 1950 kam es dann zur informellen Gründungsversammlung der gemeinsamen Sozialarbeit der Konfessionen im Bergbau. Auf katholischer Seite wurde die Arbeit geleitet von dem Geistlichen Rat und späteren Bischof von Essen und heutigen Kardinal, Dr. Franz Hengsbach, auf evangelischer Seite von dem Leiter des Sozialamtes der evangelischen Kirche von Westfalen, D. Klaus von Bismarck. Ziel dieser Arbeit war es, sich durch Zusammenkünfte von im Bergbau Tätigen aller Schichten auf dem neutralen Boden der Kirchen für eine menschlichere Führung der Unternehmen einzusetzen. Dazu muß man wissen, daß gerade im Steinkohlenbergbau des Ruhrgebietes früher ein sehr strenges, fast militärisches Regiment herrschte, bei dem die Rücksicht auf den einzelnen Menschen nur gering war. Beim 25jährigen Jubiläum der Kommende-Arbeit 1975 konnte mit Stolz darauf verwiesen werden, daß bis dahin schon 50000 Angehörige des Steinkohlenbergbaus an den Veranstaltungen teilgenommen hatten. Eine Arbeiterzeitung schrieb zu diesem Jubiläum, „die Arbeit war gegen Standesdünkel und Hochmut, die früher zu den charakteristischen Eigenschaften der Führungsschicht im Steinkohlenbergbau gehörte, gerichtet durch offene Aussprachen zwischen Bergleuten aller Schichten, um so zu helfen, Spannungen zu beseitigen".

Ohne zu übertreiben, läßt sich sagen, daß v. Nell-Breuning durch das Gespräch mit Heinrich Kost zu den geistigen Geburtshelfern der Kommende-Arbeit geworden ist. Er hat später in zwei großen Vorträgen vor dem Kommende-Kreis noch einmal wichtige sozialethische Fragen behandelt. Das war am 10. September 1951 mit einem Vortrag über die Grundsätze der Katholischen Soziallehre „Subsidiarität und Solidarität". Darin definierte er die Mitbestimmung wie folgt: Entscheidend sei, daß der einzelne Mensch entsprechend dem Subsidiaritätsprinzip an dem Platz, wo er steht, soviel Entschlußfreiheit und Entscheidungsbefugnis hat, wie es die sachlichen und betrieblichen Erfordernisse zulassen. Dieser Definition stimmen, auch heute noch, die Unternehmer zu. v. Nell-Breuning hat später seine Auffassung in Richtung einer paritätischen Mitbestimmung geändert.

Sein zweiter Vortrag am 17. November 1959 beschäftigte sich mit dem Thema „Sozialpolitik als integraler Bestandteil der allgemeinen Politik". Hier hat er seinen alten Lieblingsgedanken, der schon in der Enzyklika „Quadragesimo anno" (1931) zu finden ist, behandelt. Sein Ziel ist eine gesellschaftliche Ordnung, die darauf angelegt ist, den Menschen ihre Selbstverwirklichung zu ermöglichen. Für ihn ist die politische Ordnung nichts anderes als die rechtliche Durchgestaltung und Sicherung einer auf Selbstverwirklichung angelegten gesellschaftlichen Ordnung. Die wirtschaftliche Ordnung dient dem, was wir brauchen, um ein Menschenleben nicht nur führen, sondern auch mit kulturellen Werten erfüllen zu können.

Für v. Nell-Breuning ist deshalb die Sozialpolitik, die er als umfassende Gesellschaftspolitik versteht, der große Rahmen. Staatspolitik und Wirtschaftspolitik sind nur Ausgliederungen der gesamten Gesellschaftspolitik. Keinesfalls ist für ihn die Sozialpolitik lediglich Distributionspolitik, wenn die Verteilung in der Sozialpolitik auch eine gewisse Rolle, aber eben eine untergeordnete Rolle zu spielen hat. Das, was er anstrebt, ist ein größeres Maß an Selbstverwaltung in allen Bereichen, d.h. weniger Staat, mehr Eigenverantwortung. Er nennt das „berufsständische Ordnung", warnt aber vor Zerrbildern wie dem Ständestaat und der Planwirtschaft.

Interessant ist, daß er in diesem Vortrag ausdrücklich die Unternehmer verteidigt, die nicht nur Gewinnmaximierer seien, dies übrigens auch in großem Umfang gar nicht sein können und zum großen Teil auch nicht wollen. Sie fühlen sich durchaus dem Gemeinwohl verpflichtet. Wenn dies der Fall sei, dann löse sich der vermeintliche Gegensatz zwischen Wirtschaftspolitik und Sozialpolitik auf. Alle wirtschaftspolitischen Probleme sind für ihn gleichzeitig auch sozialpolitische Probleme. Dies entspricht auffallend einer Entschließung der BKU vom Oktober 1959, in der es heißt: „Wirtschafts- und Sozialpolitik sind nur zwei Aspekte ein und derselben Aufgabe. Gesellschaftspolitik aus christlichem Geist bedeutet Wirtschafts-, Sozial- und Fiskalpolitik als ein Ganzes betrachten und führen."

Das Thema „Berufsständisch-leistungsgemeinschaftliche Ordnung" war übrigens auch ein heiß diskutiertes Thema des Bochumer Katholikentages von 1949. Schon damals habe ich in der Vorbereitung für eine entsprechende Arbeitsgemeinschaft engen Kontakt mit P. v. Nell-Breuning gehabt. Damals argumentierte v. Nell-Breuning ähnlich wie zehn Jahre später vor dem Kommende-Kreis. Er schrieb mir am 23. August 1949: „Für die CDU ist die Soziale Marktwirtschaft gleich Liberaler Marktwirtschaft plus Monopol-Kontrolle. Ziel muß sein: die institutionelle Sicherung der Freiheit nicht nur *wovon* (Monopole), sondern auch Sicherung der Freiheit *wozu* (zur Erfüllung des Sachzwecks der Wirtschaft). Eine richtig verstandene berufsständische Ordnung wäre das Kernstück der institutionellen Sicherung der unternehmerischen wettbewerblichen Freiheit."

Eine ähnlich bedeutsame geistige Geburtshelferrolle, wie für die Kommende-Arbeit, hat v. Nell-Breuning auch bei der Gründung des Bundes katholischer Unternehmer gespielt. Die erste Versammlung, die schließlich zur Gründung führte, fand am 25. Juli 1948 statt. v. Nell-Breuning schilderte damals den sozialen Katholizismus in der Bundesrepublik: Es gab zwei Richtungen, beide gehen von der Analyse aus, wie sie Karl Marx zum erstenmal gegeben hat, und die auch in der Enzyklika „Quadragesimo anno" zum Ausgangspunkt der weiteren Überlegungen geworden ist. Die eine Richtung, vor allem vertreten durch Jakob Kaiser, sieht mit Karl Marx die Ursache der Probleme in der Eigentumsordnung und neigt deswegen zu klassenkampf-ähnlichen Empfehlungen.

Die andere Richtung, die v. Nell-Breuning in Übereinstimmung mit dem kirchlichen Lehramt vertritt, stellt in den Vordergrund nicht die Änderung der Eigentumsordnung, wie die erste Richtung, die man auch als christlichen Sozialismus bezeichnen kann, sondern die Neuordnung der zwischenmenschlichen Beziehungen, also die Herstellung einer vernünftigen Gesellschaftsordnung.

v. Nell-Breuning distanzierte sich klar von der Position des christlichen Sozialismus und plädierte auch hier schon für eine berufsständische Ordnung und eine größere Handlungsfähigkeit der Selbstverwaltungskörperschaften. v. Nell-Breuning hat auch später immer wieder bestätigt, daß er die Analyse von Karl Marx für zutreffend hält, daß nämlich die gegenwärtige Eigentumsordnung nicht gerecht sei. Gleichwohl hielt v. Nell-Breuning aber immer daran fest, daß die Eigentumsverhältnisse nicht die grundlegende Frage der Neuordnung der Gesellschaft seien. Schwerpunkt sei vielmehr die Neuordnung der menschlichen Beziehungen in einer vernünftigen Gesellschaftsordnung.

v. Nell-Breuning hat auch später oft mit dem BKU zusammengearbeitet und beispielsweise Mitte der fünfziger Jahre dessen Initiative für die Rentenreform unterstützt, die schließlich zu unserem heutigen dynamischen Umlagesystem geführt hat. Nach Abschluß des II. Vatikanischen Konzils kam es zwischen dem BKU und v. Nell-Breuning zu einer Meinungsverschiedenheit. v. Nell-Breuning hatte in der „Welt der Arbeit" (17.12.1965) einen Aufsatz veröffentlicht mit dem Titel: „Konzil befürwortet die Mitbestimmung". Darin leitete er von der Pastoralkonstitution „Gaudium et spes" (GS Nr. 68) die Befürwortung der paritätischen Mitbestimmung ab, wobei es besonders um die Übersetzung des schon in der Enzyklika „Quadragesimo anno" verwendeten Wortes „curatio" ging. Professor Wilhelm Weber, Konzilsberater von Bischof Hengsbach und geistlicher Berater des BKU, vertrat – wie auch der BKU – sehr nachdrücklich eine gegenteilige Auffassung. Den entscheidenden Passus GS 68 übersetzte v. Nell-Breuning so: „unbeschadet der erforderlichen einheitlichen Leitung sollte man die aktive Beteiligung aller an der Unternehmensführung voranbringen; die geeignete Art und Weise der Verwirklichung wäre näher zu bestimmen".

Dagegen übersetzte Weber: „unbeschadet der notwendigen Einheit der Unternehmensleitung sollte die tätige Teilnahme aller an der Mitgestaltung (curatione) der Unternehmen gefördert werden, wobei die näheren Modalitäten in geeigneter Weise zu bestimmen wären".

Auch Professor Anton Rauscher SJ, Leiter der Katholischen Sozialwissenschaftlichen Zentralstelle in Mönchengladbach, hat – ohne seinen Ordensbruder v. Nell-Breuning zu erwähnen – in einem Kommentar festgestellt, daß sich die Regelung des deutschen Betriebsverfassungsgesetzes auf der Linie der Konzilsempfehlung bewegt, daß ein weitergehendes wirtschaftliches Mitbestimmungsrecht im Sinne der in der Bundesrepublik umstrittenen paritätischen Mitbestimmung aber aus dem Konzilstext nicht gefolgert werden kann.

Nach diesem Streit war der Kontakt zwischen v. Nell-Breuning und dem BKU jahrelang gestört. Im Jahre 1982 hat v. Nell-Breuning dann in einem Briefwechsel immerhin klargestellt, daß der Eigentümer Herr „seiner" Entscheidung bleiben muß, strittig sei, welche Entscheidung „seine" ist. Er beklagt allerdings auch, daß die wichtige Unternehmerfunktion im Konzilstext mit „unbeschadet" nur unzureichend angesprochen wird.

Trotz dieser Auseinandersetzung hat v. Nell-Breuning bei der Feier seines 90. Geburtstages 1980 selbst den Wunsch geäußert, Wilhelm Weber solle den Festvortrag halten, was dann auch geschah und wieder zu einer Annäherung zwischen v. Nell-Breuning und dem BKU führte.

Viele haben v. Nell-Breuning, dem unermüdlichen Streiter für eine gerechte, menschenwürdige Gesellschaftsordnung im christlichen Geiste, viel zu verdanken. Ich gehöre zu ihnen.

Ratgeber mit ethischem Fundament

Von Gerhard Müller

Von Professor Oswald v. Nell-Breuning hörte ich zum erstenmal 1931/1932 während eines zweisemestrigen Studiums an der katholischen Philosophisch-Theologischen Hochschule Sankt Georgen in Frankfurt a. M. Er galt unter den Studenten als ein überragender Moraltheologe und Ethiker und als ein Gesellschaftswissenschaftler von hohem Rang. Persönlichkeiten aus dem damaligen öffentlichen Leben Deutschlands, mit denen ich in Berührung kam, sprachen von v. Nell-Breuning als einem international anerkannten Sozialgelehrten. Es berührte mich merkwürdig und imponierte mir zugleich, daß v. Nell-Breuning seinen Doktorgrad mit einer Dissertation über „Börsenmoral" erworben hatte. Heute ist mir deutlich, daß der Gelehrte mit diesem Thema den Sinn seines ganzen späteren wissenschaftlichen Arbeitens hat anklingen lassen, nämlich die Erfassung des Wirtschafts- und Gesellschaftslebens und seine Durchdringung von der wichtigsten Seite her, dem ethischen Fundament.

Persönlich bin ich dem Pater v. Nell etwa erst 15 Jahre später begegnet. Er war als derjenige bekannt geworden, der die Enzyklika „Quadragesimo anno" in ihrer Substanz erarbeitet hatte, die seit ihrer Veröffentlichung 1931 gerade im deutschsprachigen Raum für viele Jahre als ein Vorbild des von der katholischen Kirche vertretenen sozialethischen Denkens angesehen wurde. Der Jesuit hatte weit über den katholischen Raum hinaus einen bedeutenden Ruf als anerkannter Sozialwissenschaftler. Der erste Präsident des hessischen Landesarbeitsgerichts hielt es für angebracht, mit diesem Fachmann Verbindung aufzunehmen. Ich saß ihm in seinem bescheiden, wenn nicht karg ausgestatteten Wohn- und Arbeitsraum gegenüber. In einer längeren Unterredung erlebte ich das von einer großen Kraft des Unterscheidens getragene Denken des Professors v. Nell-Breuning. Stets in Erinnerung bleibt mir seine für jene Zeit zutreffende Bemerkung, die wenigsten Juristen würden exakt zwischen Betrieb und Unternehmen unterscheiden.

Der alte und methodisch stets zutreffende Spruch der Früh- und Hochscholastik „Distinguendum est inter et inter" ist, wie ich dann immer wieder erfahren habe, für den Jesuiten eine tragende Maxime für ein sachgerechtes Denken geblieben. Wenn ich mich recht besinne, erzählte mir v. Nell-Breuning später einmal, als Student in Innsbruck habe er in einem Seminar bemerkt, bei dem Gesamtbegriff des Unternehmers müsse der besondere Aspekt des Arbeitgebers gesehen werden. Sein Lehrer habe dies für zutreffend, aber doch für rein theoretisch gehalten. Heute ist die Differenzierung gang und gäbe geworden, und zwar in einer Weise, daß das, was der junge Mann gesehen hatte, nämlich die Einheit der Unternehmerrolle, jedenfalls für viele Arbeitsrechtler sich zu einer mehr oder weniger einseitigen Betonung der Arbeitgebereigenschaft verengt hat.

Es wurde von Dritten schon einmal gesagt, das analysierende logische Denken beherrsche die wissenschaftliche Tätigkeit des Sozialgelehrten. Man könnte als Beispiel die jedenfalls früher von v. Nell-Breuning favorisierte sog. laboristische Wirtschaftsverfassung anführen. Die Arbeitnehmer wählen die Unternehmensleitung und sind so die alleinigen faktischen und rechtlichen Träger des Unternehmens. Als eine abstrakt-logische Möglichkeit ist dies anzuerkennen. In der Wirklichkeit der Dinge bleibt der Arbeitnehmer soziologisch jedoch stets Arbeitnehmer. Da er rechtlich aber Unternehmer ist, verliert er den Schutzaspekt des Arbeitsrechts. Eine die Erkenntnisweise v. Nell-Breunings auf eine bloße Analyse zurückschraubende Beurteilung verkennt jedoch den Mann.

In vielen Gesprächen mit v. Nell-Breuning habe ich erfahren, daß er eine Persönlichkeit ist, deren letztes denkerisches Fundament eine tiefgehende und selbständig erarbeitete philosophische Bildung ist, die erkenntnistheoretisch auf die Erfassung des Seienden im umfassendsten Sinne dieses Wortes (das Mögliche also miteinschließend) gerichtet ist. Ein solcher Denker denkt nicht analytisch. Er sucht und sieht das Ganze und die Weite; in einer strengen Selbstdisziplin ist er bemüht, immer wieder von neuem von dem sog. Vor-Verständnis Abschied zu nehmen und es nicht, wie es gegenwärtig psychologisierend öfters geschehen dürfte, als eine sozusagen anzuerkennende Größe zu betrachten. Von der philosophischen Grundlage her sieht der Jesuitenpater die Komplexität des gesellschaftlichen Geschehens, insbesondere des Arbeits- und Wirtschaftslebens. Hier vermag er mit seinem logisch-analytischen Denken die Komponenten und Strukturen der Komplexe aufzuweisen und damit einsichtig zu machen, aber gerade auch die in jenen Seinsbereichen vorhandenen (positiven und negativen) Möglichkeiten zu erfassen. Daß die Ethik ihrerseits eine vor allem maßgebende, in den Seinsgegebenheiten wurzelnde und sie so auch normativ bestimmende Größe ist, erscheint bei alledem nur selbstverständlich.

Der Professor in Frankfurt ist ein Mann, der gleichzeitig die großen Zusammenhänge und ihre Detailfragen sieht. Als Gesellschaftswissenschaftler ist er im besten Sinne des Wortes zugleich Volkswirt, Betriebswirt und Jurist mit jeweils umfassender Bildung und dazu ein Sozialethiker von in der Tat hohem Rang. So habe ich ihn in zahlreichen persönlichen Begegnungen immer wieder erlebt.

Es ist kein Wunder, daß Wissenschaftler, Gewerkschafter und Politiker immer wieder v. Nell-Breuning aufgesucht haben und ihn um seine Meinung und um seinen Rat fragten. Ich weiß, wie sehr der frühere Bundeskanzler Helmut Schmidt v. Nell-Breuning schätzte und welche gute, die Gewerkschaftstätigkeit positiv befruchtende Verbindung zwischen dem Gelehrten und den damaligen Vorsitzenden der Metallgewerkschaft Brenner und der Baugewerkschaft Leber bestand. Daß Professor v. Nell-Breuning Mitglied des Wissenschaftlichen Beirats des Bundeswirtschaftsministeriums war, entsprach einfach seiner geistigen Bedeutung.

Bei alledem hütete sich der Ordensmann, im spezifischen Sinne des Wortes politisch tätig zu werden. Er sagte seine Meinung und gab Rat und Wegweisung. Mehr zu tun und zu sein, verbot ihm seine geistliche Stellung. Ehrgeiz war niemals eine Eigenschaft v. Nell-Breunings.

Pater v. Nell-Breuning ist, wie er nach dem ersten Anschein wirken mag, kein trockener Mensch. Er hat einen intellektuellen Humor mit einem etwas spöttischen, aber nicht verletzenden Zug. Mein Sohn, der vor 27 Jahren zur Vorbereitung auf sein Jurastudium Logik, Erkenntnistheorie und Gesellschaftsethik in St. Georgen studierte, erzählte mir einmal eine Geschichte, die Legende sein mag, aber die Persönlichkeit kennzeichnet. In einem moraltheologischen Examen legte der Professor dem Kandidaten einen rechtlich-ethischen Komplex vor, den ein Mann in einem erdachten Beichtgespräch dem Priester vortrug, und er fragte dann den Studenten, was er als etwaiger Beichtvater dazu sagen würde. Dieser äußerte, er würde sagen, der Betreffende solle in einer Woche wiederkommen, dann habe er sich rechtlich kundig gemacht. v. Nell-

Breuning habe erwidert: Dann sage ich Ihnen, kommen Sie in einem halben Jahr wieder und machen das Examen noch einmal.

Wie ich den Menschen v. Nell-Breuning zu kennen meine, sind das alles wichtige Charakteristika seiner Persönlichkeit. Das Letzte ist damit nicht erfaßt. Der Jesuit ist ein tiefgläubiger, frommer und demütiger katholischer Priester. Er spricht nicht unmittelbar und direkt von dieser seiner ihn tragenden Substanz, aus Bemerkungen im Zusammenhang des Gespräches läßt sie sich aber erschließen. Seine wissenschaftliche Tätigkeit sieht er als Dienst am Menschen, als Verwirklichung der christlichen Nächstenliebe: Gott dienen im Dienst am Nächsten. Demütig nimmt er an, daß Er ihn noch nicht zu sich gerufen hat. Lange Jahre war es ihm ein Anliegen und eine große Freude, in einem katholischen Kinderheim das zentrale Mysterium der katholischen Kirche, die heilige Eucharistie, feiern zu dürfen.

Bewahrer menschlicher Würde

VON FRANZ FURGER

Meine ersten Begegnungen mit „Herrn von Nell" erfolgten zwar sehr persönlich, aber doch indirekt, d.h. in Rom über Pater Gustav Gundlach SJ, der seinen um zwei Jahre älteren Frankfurter Mitbruder und Kollegen, besonders wenn er mit ihm nicht einverstanden war, also meistens, mit dieser Kurzformel einzuführen pflegte. Als Doktorand mit Jaspers befaßt und später besonders auf moraltheologisch-ethische Fragen spezialisiert, entsprach mir trotz mancher kritischer Reserven im einzelnen der personalistisch-ontologische Ansatz Gundlachs, so daß mir – obwohl selber Sohn eines Volkswirts – die von der konkreten Lebenserfahrung in Industrie und Wirtschaft, wie von nationalökonomischer Erkenntnis geprägten Überlegungen v. Nell-Breunings damals noch recht fern standen. Als es später dann darum ging, christliche Ethik in Luzern als Lehrer zu vertreten, verlangten die in den schweizerischen Maßstäben ohnehin sehr rasch praxisbezogenen und damit konkreten Herausforderungen die andere Optik: So nützlich eine gute philosophisch-theologische Theorie als Grundlage wie als kritisches Moment zur Selbstkontrolle ist, als ein spekulatives, aus Prinzipien von oben vorstoßendes Denken verpaßt es leicht die mit den konkreten Belangen des Alltags befaßten Menschen und die ohnehin pragmatischen Schweizer am allerersten. Gerade an diesem Schnittpunkt kam es für mich nun zur direkt persönlichen Begegnung mit Prof. v. Nell-Breuning.

Es war im Spätherbst 1976; der Abstimmungskampf um

die Mitbestimmungsinitiative der schweizerischen Gewerkschaften, aber auch die trotz mancher Bedenken vor allem hinsichtlich eines betriebsfremden Einflusses der Gewerkschaft (bzw. des damit verbundenen Machtzuwachses der Funktionäre) prinzipiell mitbestimmungsfreundliche Haltung der kirchlichen Stellungnahmen seit 1961 (mit der Enzyklika „Mater et Magistra" Johannes' XXIII.) wie auch der unmittelbar vorher abgeschlossenen Diözesansynoden der Schweiz und schließlich die dann doch große ablehnende Mehrheit hatten die Fronten auch unter Christen verhärtet. Dies traf vor allem zu für die Beziehungen zwischen der „Vereinigung christlicher Unternehmer" (VCU) und dem „Christlich-nationalen Gewerkschaftsbund" (CNG). Aus christlich-sozialethischer Verantwortung galt es daher nach einer Auflockerung in den kontroversen Positionen zu suchen. Es gelang in der VCU die Überzeugung zu wecken, daß gerade der Unternehmer verpflichtet sei, das Gespräch neu zu suchen. Informell und ohne Öffentlichkeit sollten daher Unternehmer, Gewerkschafter und Delegierte der Synoden zusammenkommen. Sozusagen als Experten auf Distanz wurden zudem als ausgleichender Faktor zwei deutsche Fachleute eingeladen: die Professoren Oswald v. Nell-Breuning und Anton Rauscher. Die Diskussion war angeregt; Rauscher verteidigte mit großem Einsatz und unter Hinweis auf das so am besten gewährleistete Gemeinwohl das Führungsprinzip der Unternehmer als Kapitaleigner, fast mehr als es den eher zu einem kollegialen Führungsstil neigenden und einem bald darauf von der VCU veröffentlichten Mitbestimmungskonzept über entscheidungsprivilegierte Mitarbeiteraktien gewogenen anwesenden Unternehmern lieb war. Da stellt sich die lange Gestalt von Pater von Nell neben seinen um fast 40 Jahre jüngeren Mitbruder, klopft ihm freundlich auf die Schulter und meint: „Aber Pater

Rauscher, so konservativ kann man doch heute nicht mehr sein."

In einem Glückwunsch-Beitrag zum 90. Geburtstag von Oswald v. Nell-Breuning habe ich diese Begebenheit erwähnt. Pater v. Nell-Breuning hat sich bedankt, allerdings mit einem Zweifel an deren Historizität, verbunden mit der Frage: „Können Sie den Vorgang verbürgen?" – Ich kann, zwar nicht dokumentarisch (das Treffen sollte ja ganz privat bleiben), aber über nachgefragte Zeugen. Vor allem aber scheint sie mir typisch sowohl für die Persönlichkeit v. Nell-Breunings wie für seine Art, die kirchliche Soziallehre zu verstehen, die er als Verfasser des Entwurfs von „Quadragesimo anno" (1931) als junger Professor selber wesentlich mitgeprägt hat: Durch sie soll eine dynamische Sozialethik aus christlicher Glaubensüberzeugung vermittelt werden.

Zu dieser Persönlichkeit gehört es, bei allem wachen Problembewußtsein, bei einer auch für Erneuerung und Verbesserungen flexiblen Offenheit (man lese dafür seine letzten Gedanken zur Arbeitszeitverkürzung wie zum Teilen von Arbeit) und bei einer stets selbstverständlichen Prinzipientreue eine Irenik auszustrahlen, die zwar Kritik nicht ausspart, sie aber freundlich und mit einem Quentchen geduldigen Humors einzubringen vermag und sie gerade so wirken läßt. Dabei läßt sich v. Nell-Breuning diese Irenik auch selber etwas kosten. So meinte er bei einer späteren Begegnung: „Stellen Sie sich vor, Pater Utz, mit dem ich so manchen Strauß gefochten habe, hat mich zu seinem Jubiläum eingeladen; da muß ich doch trotz meines Alters hinfahren und also die lange Reise wagen."

Sozialethik hat in konkreten, meist neuen und in all ihren Konsequenzen kaum je ganz absehbaren Problemen nach christlich zu verantwortenden Lösungen zu suchen. Bei aller Treue zu den eigenen Grundsätzen beruht die Beurteilung der Sachlage daher oft auf Ermessensurteilen, die dann notwendigerweise und trotz aller Umsicht in konkrete ethische Urteile einfließen und entsprechend dessen stete Korrekturoffenheit bedingen. Selbst-kritische wie objektiv-kritische Irenik gehört daher zu den Grundtugenden des christlichen Sozialethikers. v. Nell-Breuning hat sie uns Jüngeren nicht doziert, sondern vorgelebt.

Dazu kommt sein theoretischer Ansatz: Ein christliches Menschenbild mit einer großen Achtung vor der Würde der – und zwar wirklich jeder – menschlichen Person ist die feste Grundlage. Gerade dazu hätte er – so gesteht er selber – von seinem Mitbruder Gundlach viel gelernt. Diese Basis aber ist dann auch das Licht, das das weitere Suchen erhellt. Dieses Suchen hat bei der konkreten, erfahrbaren und mittels der besten Erkenntnisse der Humanwissenschaften wie aus den aufmerksamen Gesprächen mit möglichst allen Betroffenen zu klärenden Wirklichkeit einzusetzen. Im Licht der in Jesus Christus erlösten und zur Liebe befreiten Schöpfungsordnung entsteht so „von unten" her eine Sozialethik, die als echte Verantwortungsethik nicht nur die Folgen des eigenen Tuns mitbedenkt, sondern auch weiß, wie leicht ein starres Festhalten an scheinbar prinzipiellen Normen auf Kosten der Menschlichkeit gehen kann. – Im einzelnen mag dann heutige Sozialethik zu anderen Urteilen kommen als deren Nestor. Daß er aber mit seinem theoretischen Ansatz wie mit seiner persönlichen Haltung ihr dafür einen Standard vorgeprägt hat, der auch in der neuen Auseinandersetzung mit befreiungstheologischen Ansätzen standhalten dürfte, dafür hat sie ihm zu danken.

Quellen: Für den erwähnten Glückwunsch vgl. SKZ 148 (1980) 149 sowie den Brief von O. v. Nell-Breuning vom „März 1980" und meine Antwort vom 23.3.1980. Zum theoretischen Ansatz meines Verständnisses: Vgl. F. Furger, Christliche Sozialwissenschaften, Jahrbuch für Christliche Sozialwissenschaften 29 (1988) 17–28.

Mensch mit Gottvertrauen

Von Anton Rauscher

Als ich in den Jahren 1948 bis 1956 in Rom studierte, nahm ich auch am „Sozialzirkel" teil, der am „Collegium Germanicum et Hungaricum" schon eine Tradition hatte und von Pater Gustav Gundlach, dem Berater Papst Pius' XII. in allen sozialen Ordnungsfragen, moderiert wurde. Damals befaßte ich mich erstmals mit den Veröffentlichungen Pater v. Nell-Breunings. Neben seinem als klassisch zu bezeichnenden Kommentar zum Sozialrundschreiben „Quadragesimo anno", an dessen Vorbereitung er maßgeblich beteiligt war, griffen wir Studenten vor allem nach seinen Beiträgen zum „Wörterbuch der Politik", das nach der Unrechtsherrschaft des Nationalsozialismus und nach den Schrecknissen des Zweiten Weltkrieges eine verläßliche Orientierung an den Grundwerten des christlichen Menschen- und Gesellschaftsbildes bot.

Die beiden Jesuiten galten als Autoritäten. Während Gundlach die personale Grundlage der katholischen Soziallehre herausarbeitete und als Berater Pius' XII. maßgeblich an der Sozialverkündigung dieses Papstes beteiligt war, hat v. Nell-Breuning wesentlich zur Verbreitung des christlich-sozialen Ideengutes im deutschen Sprachraum beigetragen und vor allem durch seine Publikationen auf die Gestaltung der wirtschaftlichen und sozialen Verhältnisse eingewirkt.

Im Herbst eines jeden Jahres berichtete Gundlach im Kolleg von der Sozialtagung der Jesuiten, die in der Hochschule Sankt Georgen in Frankfurt stattfand. Diese Tagungen entwickelten sich zu einem wichtigen Forum der Meinungsbildung, an der in wachsendem Maße die Jesuiten, die in der Wissenschaft oder in der praktisch-sozialen Arbeit tätig waren, aus vielen Ländern Europas teilnahmen. Die Vorträge, Gespräche und Diskussionen waren weithin geprägt von den Positionen und Argumentationen v. Nell-Breunings und Gundlachs, die in den meisten Grundsatzfragen übereinstimmten, zwischen denen es aber in einer Reihe von konkreten Ordnungsfragen auch unterschiedliche Vorstellungen gab. Vor allem die seit dem Bochumer Katholikentag geführte Auseinandersetzung um die sogenannte paritätische Mitbestimmung belastete das Verhältnis zwischen den beiden Gelehrten. Der eine erhoffte sich von dieser Regelung einen Beitrag zur Überwindung des Gegensatzes zwischen Arbeit und Kapital und die Einbindung der Gewerkschaften in das System der sozialen Marktwirtschaft, der andere befürchtete eine Aushöhlung des Personrechtes auf Privateigentum und die Gefährdung der Subjektstellung der Menschen zugunsten anonymer mitbestimmender Gremien.

Persönlich begegnete ich Pater v. Nell, wie die Mitbrüder ihn nennen, im Jahre 1960. Nach meiner Promotion an der Päpstlichen Universität Gregoriana (1956) war ich in den Jesuitenorden eingetreten, um auf den Spuren Franz Xavers in Japan zu arbeiten. Es sollte anders kommen. Der Provinzial der japanischen Provinz und spätere Ordensgeneral Arrupe wünschte, daß ich das Forschungsprojekt über Hermann Roesler durchführen sollte, an dem die japanische Regierung und das deutsche Auswärtige Amt interessiert waren. Anläßlich der Sozialtagung der Jesuiten suchte ich Pater v. Nell in seinem Zimmer auf. Er erkundigte sich eingehend nach dem Forschungsvorhaben. Roesler war ihm kein Unbekannter, hatte dieser Nationalökonom doch in demselben Jahre, als Karl Marx „Das Kapital" veröffentlichte, die erste systematische Kritik der liberalen Wirtschaftsauffassung von Adam Smith veröffentlicht und sein Buch auch dem Mainzer Bischof von Ketteler zugeschickt. Heinrich Pesch, der Begründer des Solidarismus, hat die Lehre Roeslers, der später zum einflußreichsten Berater der japanischen Regierung wurde, vom „sozialen Gesetz" sich zu eigen gemacht. Das Gespräch erstreckte sich auch auf mein Studium der Nationalökonomie, das ich an der Rechts- und Staatswissenschaftlichen Fakultät in Münster machte. Er betonte, wie wichtig es für die katholische Soziallehre sei, die sozialethischen und die wirtschaftswissenschaftlichen Methoden zu kennen und in einen inneren Zusammenhang zu bringen. Die Ethik steht in der Gefahr, Luftschlösser zu konstruieren oder gar ideologischen Versuchungen auf den Leim zu gehen, wenn sie nicht durch die Kenntnis der wirtschaftlichen Gegebenheiten, Voraussetzungen und Zusammenhänge auf dem Boden der Wirklichkeit gehalten wird. Umgekehrt würde die Wirtschaftswissenschaft, wenn sie auf die sittliche Wertorientierung verzichtet, eher zu einem reaktiven denn zu einem das Handeln der Menschen und die Politik inspirierenden Wissenszweig.

Es ist schwer zu sagen, was mich mehr beeindruckte: die nüchterne Sachlichkeit oder die Lebenshaltung eines Jesuiten ganz der alten Schule. Auch die späteren Begegnungen waren bestimmt von der nüchternen Sachlichkeit. Was bei Pater v. Nell zählte, sind die wirklichkeitsgetreue Sichtweise der Verhältnisse und ihre Analyse, eine an objektiven Kriterien ausgerichtete Beurteilung und die überzeugende Begründung von Zielvorstellungen und Handlungen. Er ist allem Abschweifen von der Sache abhold. Gleichsam jede Minute ist für ihn kostbar – ein Geschenk Gottes, mit dem der Mensch nicht leichtfertig umgehen darf, sondern das er nutzen muß. Er ist ein Logiker, der jede Lücke in der Argumentationskette seines Gesprächspartners rasch erkennt. Nüchterne Sachlichkeit ist bei ihm durchaus vereinbar mit gewissen Interessen für bestimmte Richtungen innerhalb und außerhalb des kirchlichen Raumes, deren Anliegen er sich dann zu eigen macht und die er durchzusetzen sucht. Er kann bisweilen auch scharf formulieren, auch wenn er dem Andersdenkenden nie den notwendigen Respekt versagt. Ein leichter Gesprächspartner ist er nicht; am unverbindlichen Dialog hat er keinen Gefallen. Auch die vielen Briefe, die er mit Mitbrüdern ebenso wie mit Personen des politischen, sozialen und kirchlichen Lebens wechselte, waren immer zur Sache und knapp gehalten.

Seine Lebensleistung hätte Pater v. Nell nicht erbringen können, wenn er nicht seine ungewöhnlichen Gaben und alle freie Zeit für seine Arbeit eingesetzt hätte. Selbst wenn es sich nicht so zugetragen hätte, so trifft ein Wort, das man sich in St. Georgen erzählt, doch die Situation. Ein junger Jesuit, so wird gesagt, habe ihn um ein Gespräch gebeten. Da jedoch weder der Gegenstand noch die Argumentation des Mitbruders überzeugte, habe Pater v. Nell nach zehn Minuten die Unterhaltung beendet mit der Bemerkung, er hätte in dieser Zeit einen kleinen Artikel schreiben können. Es war eine eiserne Arbeitsdisziplin, die er sich selbst auferlegt hatte und die er das ganze Leben hindurch beibehielt. Manche haben dahinter eine gewisse Unnahbarkeit verspürt, unter der er auch selbst zu tragen hatte.

Das wissenschaftliche Arbeiten steht bei Pater v. Nell-Breuning im Dienst des Reiches Gottes, so wie der Ordensgründer Ignatius dies vorlebte. Er hätte sich einen Tag ohne Eucharistiefeier am Morgen nicht vorstellen können.

Ebenso wurde die Arbeit durch das Gebet und die gemeinsamen Mahlzeiten unterbrochen. Man sah ihn nie ohne das Kollar und die priesterliche Kleidung. Viele, die ihn kennengelernt hatten, waren zutiefst angerührt von seiner Glaubenshaltung und seinem Gottvertrauen. Er verlor darüber nicht viele Worte, aber er lebte sie vor. Es wäre ihm nicht in den Sinn gekommen, besondere Ansprüche zu stellen. Er machte sein Zimmer selbst, so wie er auch seine Vorträge, Artikel und Briefe bis ins hohe Alter auf einer altgedienten Schreibmaschine selber tippte. Sekretärinnen und Assistenten gab es damals an den Ordenshochschulen nicht. Er gehört bis heute zu den Jesuiten, die Sankt Georgen geprägt haben.

Bis vor wenigen Jahren nahm P. v. Nell jedes Jahr an den Sozialethiker-Tagungen teil, die von der Katholischen Sozialwissenschaftlichen Zentralstelle in Mönchengladbach durchgeführt werden und bei denen er den katholischen Sozialwissenschaftlern und ebenso vielen in der praktisch-sozialen Arbeit Tätigen begegnete. Die nüchterne Sachlichkeit, der unerschütterliche Glaube und die Treue zur Kirche sowie die persönliche Einfachheit und Anspruchslosigkeit sind die Qualitäten, die viele, auch mich, bei Pater v. Nell-Breuning besonders bewegt haben.

III

AUSGEWÄHLTE TEXTE VON OSWALD V. NELL-BREUNING

Zusammengestellt von Heribert Klein

Blick auf Karl Marx

Wenn ein gebürtiger Trierer, der 72 Jahre nach Karl Marx auf die Welt gekommen ist und entsprechend später auch das gleiche Gymnasium in Trier besucht hat, eingeladen wird, über Marx zu sprechen, dann erwartet man offenbar von ihm, er vermöge Marx in seiner Trierer Umwelt darzustellen und aus dieser Trierer Umwelt ihn oder doch einiges aus seinem Leben verständlich zu machen. Wer mit dieser Erwartung meinen Worten lauscht, den werde ich leider enttäuschen.

Die geistige Umwelt oder das geistige Klima, das zu Marxens Jugendzeit in seiner und meiner Vaterstadt Trier herrschte, kenne ich nur aus Schilderungen, wie man sie beispielsweise in dem Schrifttum findet, das aus Anlaß des Hundertjahrgedächtnisses des 1. Bandes seines Hauptwerkes „Das Kapital" erschienen ist, und das ist völlig anders, als ich es aus meiner Jugend in Erinnerung habe. Hier kann ich also nicht aus eigener Kenntnis berichten, sondern bestenfalls versuchen, einigermaßen getreu wiederzugeben, wie die genannten Schriften es beschreiben. Danach hätte es damals in Trier ein im Vergleich mit anderen rheinischen Städten ungewöhnlich reges geistiges und politisches Leben gegeben; wer in Trier aufwuchs, habe im Unterschied zu anderen Städten den Vorzug genossen, vielseitige geistige Anregung zu empfangen. Dem steht die Erinnerung meiner eigenen Jugendzeit gegenüber, wonach Trier viel eher durch geistige Ruhe und Ausgeglichenheit ausgezeichnet war; man war – wenn ich es einmal so ausdrücken darf – mit Gott und der Welt und mit sich selbst zufrieden. Trier fühlte sich stolz als das deutsche Rom, nur 1300 Jahre älter als das Rom jenseits der Alpen;

Trier verstand sich als eine im katholischen Glauben und in der katholischen Kulturtradition ruhende und gefestigte Stadt.

Gerade das aber war in Marxens Kinder- und Jugendjahren offenbar in Frage gestellt. Als Karl Marx zur Welt kam, war Trier gerade eben erst unter preußische Herrschaft gekommen. Diese Umwälzung von der sanften geistlichen Herrschaft der Kurfürsten zur militärisch-bürokratisch harten Herrschaft Preußens muß starke Spannungen und heftige Konflikte ausgelöst haben, die für entspannte Ruhe und Gelassenheit wenig Raum ließen. Dazu aber kam noch etwas anderes, das für den jungen Marx von entscheidender Bedeutung werden sollte. Gerade damals verschärfte der preußische Staat seine antisemitische Haltung, die der damaligen Zeit entsprechend nicht wie der nazistische Antisemitismus rassisch, sondern religiös fundiert war. Der sich als christlich verstehende preußische Staat versagte den Bekennern der alttestamentlichen mosaischen Religion wesentliche staatsbürgerliche Rechte, darunter insbesondere den Zutritt zu staatlichen und anderen Ämtern und Ehrenstellungen.

Marxens Vorfahren waren Juden, eine traditionelle Rabbinerfamilie. Der Vater zählte zu den angesehenen Männern der Stadt und war Rechtsanwalt. Der steigende preußische Antisemitismus gefährdete diese Position des Vaters ernstlich; für die Familie hätte das eine Katastrophe bedeutet. Dagegen konnte man sich aber auf höchst einfache Weise schützen: Man brauchte nur sich taufen zu lassen und damit der mosaischen Religion abzusagen. So entschloß der Vater sich zu diesem Schritt. Dazu kam aber in Preußen noch ein besonderer Umstand. Das preußische Königshaus war betont protestantisch, und mit Berufung darauf galt der evangelische Glaube als die „Hauptreligion des preußischen Staates". Preußen schickte systematisch protestantische Beamte und Militärs nach Trier; am katholischen Bischofssitz Trier hat, solange Preußen Königreich war, immer nur ein protestantischer Regierungspräsident residiert. Um Anschluß an diese neue Oberschicht zu gewinnen, mußte man sich also evangelisch taufen lassen und seine Familie dem evangelischen Bekenntnis zuführen. So verfuhr denn auch Rechtsanwalt Marx und zwang auch seinen Sohn Karl, dieses Spiel mitzuspielen. Für Karl aber bedeutete das nicht ein dem Staat vorgespieltes Spiel, sondern den Bruch mit der ehrwürdigen alttestamentlichen Kulturtradition, die das Judentum durch alle Zeiten festgehalten hatte und die Karl mit der Tradition der Familie bereits tief in sich aufgenommen hatte und die für ihn sein ganzes Leben lang prägend blieb. So fühlte Karl sich vom Vater innerlich vergewaltigt; der Haß gegen den ihm aufgezwungenen Bekenntniswechsel ließ ihn niemals ein zutreffendes Verständnis der christlichen Religion finden und wuchs sich bei ihm aus zum glühenden Haß gegen jede Religion und gegen Gott oder wohl richtiger gegen das Zerrbild, das er sich von Gott machte.

Karl Marx und ich haben das gleiche Gymnasium besucht, vom gleichen Gymnasium das Reifezeugnis erhalten; so liegt es nahe, daß ich versuche, mir ihn in dieser mir bekannten Welt vorzustellen. Aber das kann nicht gelingen, denn die Umwelt dieses Gymnasiums muß zu seiner Schulzeit völlig anders gewesen sein als zu der meinigen. Zu meiner Zeit war dieses Gymnasium ganz und gar katholisch geprägt. Der ganze Lehrkörper bestand aus Katholiken, die Hälfte der Schüler kam vom Bischöflichen Knabenkonvikt mit dem Berufsziel, Priester zu werden; sie kamen immer ausgezeichnet vorbereitet zur Schule, und dadurch waren wir „weltliche" Schüler genötigt, uns ebensogut vorzubereiten, um in der Leistung nicht hinter ihnen zurückzubleiben; infolgedessen war unser Gymnasium dem anderen (städtischen) Gymnasium, auf das die von Preußen nach Trier entsandten Offiziers- und Beamtenfamilien ihre Söhne sandten, an Leistung und Ansehen weit überlegen; diesen meinen Stolz auf meine alte Schule bewahre ich bis auf den heutigen Tag. Gerade diesbezüglich aber waren die Verhältnisse zur Zeit, als Karl Marx das Gymnasium besuchte, völlig anders. Damals – das städtische Gymnasium bestand wohl noch nicht – besuchten auch die evangelischen Schüler unser Gymnasium und trugen damit die durch die preußischen Offiziers- und Beamtenfamilien in das bis dahin geschlossen katholische Trier hineingetragenen konfessionellen und politischen Spannungen in die Schülerschaft hinein. Zu diesen evangelischen Schülern zählte auch der soeben evangelisch getaufte Karl Marx, aber angesichts seiner Ablehnung des ihm aufgenötigten Bekenntnisses und seiner Empörung über den ihm angetanen Religionswechsel konnte er weder selbst sich zu ihnen zählen noch von ihnen als zu ihnen gehörig angenommen werden, war er doch in ihren Augen nur ein gesinnungsloser Überläufer um bessere Karrierechancen willen. So stand er vereinsamt und zurückgewiesen zwischen den beiden in ihrem Bekenntnis verwurzelten und mit Überzeugung für ihren Glauben sich einsetzenden Gruppen; keine konnte ihn verstehen, keine ihm gerecht werden, keine ihm Halt und Stütze bieten. Man muß sich in diese Lage eines jungen Menschen hineinversetzen; dann kann man verstehen, wie er verbitterte und wie im Laufe dieser bildungsfähigsten Jahre seines Lebens sein Haß auf die Religion und auf Gott oder richtiger auf das Zerrbild von Gott, das er sich schuf, sich auswuchs und verfestigte und sein ganzes weiteres Leben bestimmt hat.

Was haben denn nun, so darf man wohl fragen, wir, die wir sieben Jahrzehnte später das gleiche Gymnasium besucht haben, von unserem inzwischen berühmt gewordenen Mitschüler gehört? – Dazu ist vorsorglich daran zu erinnern, daß damals, als ich die Schule besuchte, das ist vor dem Ersten Weltkrieg in der Zeit des kaiserlichen Deutschlands, Marx noch nicht entfernt zu der Bedeutung und zu dem Ruhm emporgestiegen war, den er heute genießt. Es ist unbedingt notwendig, uns dies ins Bewußtsein zu rufen; andernfalls sehen wir die Zeit und unser damaliges Verhalten gegenüber Marx und Marxismus nicht richtig. – Von seinem Hauptwerk „Das Kapital" war 1867 der 1. Band erschienen, aber in Kreisen der Wissenschaft fand das Buch zunächst kaum Beachtung, und bis erst einmal die Aufmerksamkeit den Weg von den Lehrstühlen der hohen Wissenschaft zu den Schulen hinab gefunden hat, dauert es immer lange Zeit. Ein Lehrfach Gesellschaftslehre oder Sozialkunde gab es an den Schulen nicht. So erfuhren wir über unseren großen Mitschüler nichts.

Wie hat sich denn aber die Kenntnis von Marx verbreitet? – Die Antwort ist einleuchtend: Wo seine Wirkung sich bemerkbar machte, namentlich wo sie sich störend oder beunruhigend bemerkbar machte, da wurde man auf ihn aufmerksam.

Marxens revolutionäre Wirksamkeit stieß vor allem hinein in die Arbeiterschaft. Dadurch wurden die Kreise auf ihn aufmerksam, die es mit der Arbeiterschaft zu tun haben. Das sind – abgesehen von der Arbeiterbewegung selbst in ihrer ganzen Breite als politische Partei, als Gewerkschaften und als Genossenschaften – auf der einen Seite der Staat, auf der anderen Seite die Kirche.

Bei uns in Deutschland sind nicht nur die christlich-soziale Arbeiterbewegung, die selbstverständlich in keiner Verbindung mit Marx steht, sondern auch die sozialistische Arbeiterbewegung und die sie tragende politische Partei unabhängig von Marx entstanden. Unsere SPD leitet ihren Ursprung von Lassalle her. Aber bereits 1865 (Gothaer Programm) gelang es Marx, gewichtigen Einfluß auf die Partei zu gewinnen, und 1891 (Erfurter Programm) schwenkte diese völlig auf ihn um. Zwar setzte unverzüglich eine Rückentwicklung ein, die bereits in Kürze zum Sieg des Revisionismus führte. Im öffentlichen Bewußtsein aber blieb die Verbindung mit Marx, die Herkunft zügiger Parteiparolen und die Begründung wichtiger Forderungen der Partei noch lange in Erinnerung. In der öffentlichen Meinung blieb Marx der eigentliche Urheber der ganzen Bestrebungen, die auf Wandel oder Umsturz unserer gesellschaftlichen, wirtschaftlichen und politischen Ordnung abzielten und deshalb als staatsgefährlich angesehen und bekämpft wurden. Ganz verfehlt ist das auch nicht, denn es ist doch nicht übertrieben zu sagen, daß die Sprengkraft seiner Gedanken, aber auch seine für den einfachen Mann vermeintlich so leicht verständlichen und einleuchtenden sprachlichen Formulierungen und die damit gegebenen Denkanstöße sogar bis heute noch sich allenthalben immer wieder geltend machen.

Für die politischen Instanzen, für alle, die eigene Machtstellungen, an erster Stelle das seit der Französischen Revolution zu entscheidender gesellschaftlicher und wirtschaftlicher Machtstellung aufgestiegene Privateigentum an den Produktionsmitteln und die damit gegebenen Möglichkeiten als gefährdet ansahen, war Marx die eigentliche Gefahrenquelle und darum der Gegner, den es mit allen Mitteln zu bekämpfen galt.

Den Sozialismus kurzerhand mit Marx zu identifizieren, bot für den politischen Kampf den besonderen Vorteil, daß sich von ihm ein wirkungsvolles Feindbild zeichnen ließ. Insofern war es geradezu ein Glücksfall, daß er jüdischer Herkunft war; so ließ sich der damals erstarkende, später ins Rassische umschlagende Antisemitismus gegen ihn mobilisieren. Einer traditionell in christlichen Vorstellungen lebenden Bevölkerung konnte man ihn zusätzlich als Atheisten abschreckend vorstellen.

Wie aber sah das Feindbild aus, das man von ihm oder von dem, was er ins Werk setzen wollte, zeichnete? Von dem, worin wir die beiden wesentlichen Elemente dessen erblicken, was wir den weltanschaulichen Marxismus nennen, vom historischen und dialektischen Materialismus, war kaum die Rede; für politische Kämpfe war das viel zu subtil. Aber auch Marxens Lehre vom Menschen, worin der ganze Widerspruch zu unserem gläubigen Verständnis dessen liegt, was den Menschen zum Menschen macht und seine Menschenwürde begründet, kam nicht zur Sprache. Daß Marx kein bloßer Umstürzler aus Freude am Umsturz war, daß es ihm vielmehr um den Menschen, um den in der bestehenden Ordnung vielfältig entehrten und entwürdigten Menschen ging, das konnte man für das Feindbild nicht gebrauchen. Immerhin muß hier berücksichtigt werden, daß die Marxschen Frühschriften, in denen dies besonders deutlich wird, überhaupt nicht bekannt waren; sie wurden erst 1932, also ein halbes Jahrhundert nach seinem Tod, vom Marx-Engels-Institut in Moskau veröffentlicht; ein Teil davon wird trotz des Versprechens, sie vollständig zu veröffentlichen, auch heute noch vom Institut unter Verschluß gehalten. Wenn es für das Feindbild von Karl Marx nicht brauchbar ist, so scheint es für die Monumentalstatue des großen Revolutionärs auch nicht zu taugen.

Wie ist man also verfahren? Man hat Marx und sein Gedankengebäude als Ganzes nicht gewürdigt, nicht gebührend ernst genommen und sich darauf beschränkt, ihn als sachkundigen Kritiker der kapitalistischen Wirtschaftsweise vorzustellen, und versucht, ihn zu widerlegen.

Für den Arbeiter war das wichtigste Stück dieser seiner Kritik wohl seine Arbeitswertlehre oder Lehre vom Mehrwert. Die menschliche Arbeit erbringe mehr, als der Mensch brauche, um seine Arbeitskraft zu erhalten und sie seiner Nachkommenschaft zu reproduzieren. Der Arbeitgeber lasse den Arbeitnehmer jedoch länger arbeiten, als er dafür zu arbeiten brauche, bezahle ihm aber gerade nur so viel (hier klingt Lassalles „ehernes Lohngesetz" an, das an anderer Stelle von Marx selbst bestritten wird). Den „Mehrwert", das ist, was der Arbeiter in der längeren Arbeitszeit noch darüber hinaus produziert, bezahle der Arbeitgeber ihm nicht, sondern stecke es als „Profit" in seine

Tasche; diese Aneignung des Mehrwerts sei die Quelle allen Unternehmergewinns und sei damit ausbeuterisch.

Zwar ist nur schwer zu begreifen, daß die Unternehmer, wenn aller Profit aus der Ausbeutung menschlicher Arbeit stammt, sich darauf verlegen, ständig menschliche Arbeit durch Maschinen zu ersetzen, anstatt die Zahl ihrer Arbeitskräfte soviel wie möglich zu vermehren, um möglichst viele ausbeuten zu können. Immerhin, in Zeiten, in denen zwei Unternehmer einem Arbeiter nachlaufen, die Arbeitsplätze sicher sind, jeder, der Arbeitsgelegenheit sucht, auch Arbeitsgelegenheit findet, kann diese Lehre, die dem Arbeiter schmeichelt, ihm auch durchaus glaubwürdig, ja einleuchtend und überzeugend erscheinen. Anders in Zeiten um sich greifender Arbeitslosigkeit; wenn er um seinen Arbeitsplatz zittert, dann läßt er sich durch diese Lehre nicht irremachen; nur die Anrüchigkeit des „Profits", der angeblich aus keiner anderen Quelle als der Ausbeutung des Arbeiters entspringen kann, ist bis heute bestehengeblieben.

Die Jahre von Marxens Tod bis zum Ausbruch des Ersten Weltkriegs waren nun aber Jahre steigenden Wohlstands und kannten keine nennenswerte Arbeitslosigkeit; so erschien die Arbeitswertlehre damals den Arbeitern einleuchtend; man mußte sich bemühen, sie zu widerlegen, und glaubte, mit der Widerlegung dieses Marxschen Irrtums Marx widerlegt und unschädlich gemacht zu haben. Tatsächlich dürfte das ständige Widerlegen dieser Lehre viel zu ihrer Verbreitung beigetragen haben. Marxistische Ökonomen streiten bis heute über ihren Sinn; unter ihnen stimme ich Karl Kühne zu, der feststellt, für das, worum es Marx ging, sei seine Arbeitswertlehre völlig belanglos, er habe sich damit nur unnötige Schwierigkeiten eingebrockt. Aber ein halbes Jahrhundert lang hat man geglaubt, mit Widerlegung seiner Arbeitslehre Marx widerlegen zu können, und gelegentlich wird sie auch heute noch zu diesem Zweck wieder hervorgeholt.

Auch ansonsten wurde Marx in der Hauptsache nur als Wirtschaftler vorgestellt und bekämpft. Manche seiner Voraussagen haben sich zu einem Teil oder in einem bestimmten Sinn erfüllt, in anderen Teilen dagegen nicht. Den einen gilt die teilweise Erfüllung als Beweis für die Richtigkeit der Voraussage; für andere ist sie der ebenso schlagende Beweis dafür, daß er falsch vorhergesagt habe. – Daß die von ihm vorausgesagte „Verelendung des Proletariats" nicht eingetreten ist, die Arbeiterschaft vielmehr im industriellen Zeitalter einen beispiellosen Aufstieg erlebt hat, wird von allen ehrlichen Menschen anerkannt. Gewerkschaften, die das bestreiten wollten, müßten ja ihre eigenen Leistungen und Erfolge verleugnen. Hinsichtlich des von Marx vorausgesagten Zusammenbruchs des Kapitalismus behilft man sich, indem man das Datum immer wieder hinausschiebt; dieser Wechsel läßt sich glücklicherweise immer wieder „prolongieren".

Soviel zu dem Bild, das „konservative" Kräfte unseres Landes, insbesondere die Staatsmacht und das Besitzbürgertum, sich von Marx gemacht und wie sie sich mit ihm auseinandergesetzt oder richtiger gesagt versucht haben, sich gegen ihn und gegen die nach ihrer Vorstellung von ihm drohende Gefahr zur Wehr zu setzen. An echter Auseinandersetzung mit seinen weltanschaulichen Grundlagen fehlt es weitgehend bis heute noch.

Aber vielleicht ist eine solche geistige Auseinandersetzung auch gar nicht Sache des Staates, sondern der Wissenschaft, deren Erkenntnisse der Staat sich zu eigen zu machen hätte, und wäre insbesondere Sache der Kirche, da es hier um den letzten Sinn und das Verständnis des Menschen sowie um grundlegende Fragen von Recht und Gerechtigkeit geht.

Wie also, so fragen wir jetzt, hat die Kirche Marx gesehen, und wie hat sie sich ihm gegenüber eingestellt, wie sich mit ihm auseinandergesetzt? Um hier nicht von falschen Voraussetzungen auszugehen, müssen wir uns eigens in Erinnerung rufen, daß wir die Kirche des 19. Jahrhunderts zu Lebzeiten von Karl Marx, ja auch noch der Zeit, als Marx und der Marxismus zur Weltmacht erwuchsen, uns nicht nach dem Bild vorstellen dürfen, das wir von unserer nachkonziliaren Kirche haben. Obwohl sie vom Staat äußerst schlecht behandelt wurde und ihre Beziehungen zum Staat entsprechend gespannt waren, hatte die damalige Kirche doch zum Staat das Vertrauen, daß die von ihm gestaltete und geschützte rechtliche Ordnung des menschlichen Zusammenlebens in der Hauptsache gerecht und darum der Versuch, daran zu rütteln, rechtswidrig und darum zu bekämpfen sei. Wenn daher Marx die bestehende Ordnung als ungerecht verwarf und zum Kampf gegen sie aufrufe, so habe sie, die Kirche, ihre Gläubigen mit allem Ernst davon abzumahnen. Ein von Haß und Neid der Besitzlosen gegen die Besitzenden getragener Klassenkampf, zu dem Marx aufrufe, verstoße offenbar gegen Christi Gebot der Liebe zum Nächsten, und wenn er die Beseitigung des Privateigentums an den Produktionsmitteln fordere, so sei das ein ebenso klarer Verstoß gegen das 7. Gebot. – Das alles sagt die Kirche auch heute noch, nur tut sie es heute auf Grund genauerer Kenntnis der Dinge unvergleichlich differenzierter. Diese Differenzierungen kann man neuestens wieder in der Enzyklika „Laborem exercens" nachlesen; als Marx vor 100 Jahren starb, gab es die erste Sozialenzyklika „Rerum novarum" noch nicht.

Heute ist die Kirche für die Auseinandersetzung mit Marx unvergleichlich besser gerüstet als vor 100 Jahren. In diesem Zeitraum hat die Vielzahl der human- und sozialwissenschaftlichen Disziplinen sich entfaltet und hat die Kirche eine eigene Soziallehre aufgebaut und baut sie weiter aus. Die Kirche verfügt über Fachleute, die in der Lage sind, marxistischen Vertretern der gleichen oder verwandter Disziplinen auf jeder Ebene als Diskussionspartner gegenüberzutreten. Andererseits hat Marxens Anhängerschaft sich in eine solche Vielfalt von Marxismen zerspalten, daß niemand mehr das Ganze überschaut. Auf weiten Feldern können wir die Marxisten sich untereinander streiten lassen; wo sie selbst in ihrem Streit über die Lehre des Meisters ihn widerlegen, ersparen sie uns diese Mühe.

Nur in einem Punkt sehe ich bei uns noch eine Schwäche, nämlich in der Befangenheit, ehrlich anzuerkennen, daß Marx manche Dinge, wenn auch unzutreffend gedeutet und gewertet, so doch sachlich zutreffend erkannt hat, und daß die Auseinandersetzung mit ihm in mancher Hinsicht für uns lehrreich gewesen ist, daß wir dabei zugelernt haben.

Die Pastoralkonstitution „Gaudium et spes" des II. Vatikanischen Konzils anerkennt ausdrücklich, daß die Kirche die Erkenntnisse der Fachwissenschaften braucht, weil sie ihr Urteil über die Dinge auf die von ihnen erarbeitete Erkenntnis vom Stand der Dinge aufbauen muß, und daß sie darum von diesen Fachwissenschaften zu lernen bereit und dankbar ist für das, was sie von ihnen gelernt hat. – Dennoch besteht bei vielen katholischen Gläubigen und selbst Gelehrten immer noch die vorbefangene Meinung, bei einem Manne, der so wie Marx sein Leben lang von glühendem Haß gegen Gott und alle Religionen erfüllt war, müsse doch alles durch diesen Haß verzerrt sein. Diese Besorgnis ist gewiß begründet. Aber die verzerrte Erkenntnis läßt sich entzerren, und bei diesem Entzerren kann sich herausstellen, daß hinter den verzerrten Aussagen sich ein wichtiger, ernst zu nehmender, von uns bis jetzt nicht genügend beachteter Wahrheitsgehalt verbirgt. Die Kirche hat diese Befangenheit, soweit sie selbst ihr verfallen war, entschieden abgelegt; sie fordert auf, in aufgeschlossenem Gespräch mit dem Andersdenkenden herauszufiltern, ob seiner und unserer Meinung nicht doch einige Wahrheitsgehalte gemeinsam seien, um die Grenze zutreffend abzustecken, wo wir nicht um der Rechthaberei, sondern um der Wahrheit willen einander bekämpfen müssen, und wo wir ein Stück gemeinsamen Bodens festmachen, auf dem wir nicht nur mit Achtung vor der mit der unsrigen unvereinbaren Überzeugung des anderen, sondern im Einverständnis gemeinsamer Überzeugung einander begegnen können.

Diesbezüglich ist die amtliche Soziallehre der Kirche manchen wissenschaftlichen Vertretern der katholischen Soziallehre ein beachtliches Stück vorausgeeilt. Dieser Rückstand sollte schleunigst aufgeholt werden. Unsere wissenschaftliche Auseinandersetzung mit Marx und dem Marxismus muß auch das winzigste Körnchen zutreffender Erkenntnis, das sich bei Marx oder bei marxistischen Autoren entdecken läßt, herausgeklaubt und in aller Form anerkannt haben; erst dann hat sie den Dienst geleistet, den sie zu leisten schuldig ist. Und erst wenn alles Fehlerhafte, worauf Marx mit seiner Kritik uns aufmerksam gemacht hat, wenigstens grundsätzlich berichtigt und ausgeräumt sein wird, so daß wir dieses Stachels in unserem Fleisch nicht mehr bedürfen, erst dann ist dieser große Gegner wirklich überwunden.

Themen

Das Beispiel Jesu Christi

Authentische Quelle der Lehre Christi für uns ist namentlich seine Bergpredigt; wir wissen, wie umstritten deren Auslegung ist. Es kann nicht meine Aufgabe sein, in diese Kontroverse einzutreten, und noch viel weniger kann ich mir anmaßen, das letzte Wort in dieser Kontroverse zu sprechen; selbst das kirchliche Lehramt tut sich schwer damit und legt sich große Zurückhaltung auf. So muß ich mir einen anderen Anknüpfungspunkt wählen und gehe aus von dem einseitig verzerrten Bild nicht nur der Lehre, sondern der Person Jesu Christi, das wir uns zurechtgemacht und mit dem wir uns den Blick auf die Wirklichkeit verstellt haben. (...)

Ausgesprochenerweise ist es unsere Frömmigkeitsliteratur, die namentlich in ihrer Bildersprache, aber keineswegs in dieser allein, ein äußerst einseitiges Bild Jesu Christi zeichnet. Gewiß nennen auch die Evangelien ihn das „Lamm Gottes", und gewiß stellt er selbst sich als den „Guten Hirten" vor, der seinem verlorenen Schaf nachgeht, es sucht, und nachdem er es gefunden hat, es auf seine Schultern lädt und heimträgt. Ebenso sind es unzweideutige Zeugnisse seiner Sanftmut und Friedfertigkeit, wenn er die Zebedäussöhne, als diese über die Dörfer, die sich der Frohen Botschaft verschließen, Feuer und Schwefel regnen lassen wollen, zurechtweist und diesen ihren unheiligen Eifer dämpft. Oder wenn er Petrus, als dieser das Schwert zieht, um ihn gegen seine Gefangennahme zu verteidigen, befiehlt, es in die Scheide zu stecken.

Aber eben dieser sanftmütige und friedfertige Jesus sagt

mit ebenso unzweideutiger Klarheit, er sei nicht gekommen, den Frieden zu bringen, sondern das Schwert. In der klaren Voraussicht, was ihn in Jerusalem erwartet, tritt er entschlossen den Weg dorthin an, und als Petrus in bestgemeinter Absicht ihn davon abhalten will, weist er ihn mit einer uns geradezu erschreckenden Schärfe und Härte deswegen zurecht. So ist denn auch seine Auseinandersetzung in den Streitreden mit seinen Gegnern, den Hohenpriestern und Schriftgelehrten, und sind die Vorwürfe, die er ihnen macht, von einer kaum zu überbietenden Schroffheit und Härte; mit geradezu brutaler Rücksichtslosigkeit reißt er den Heuchlern die Maske vom Gesicht. Unerbittlich verlangt er klare Entscheidung: wer nicht für mich ist, der ist gegen mich; wer nicht mit mir sammelt, der zerstreut; wer mein Jünger sein will, der muß sein Kreuz auf sich nehmen, nicht hie und da einmal bei sich dazu bietender Gelegenheit, sondern schlicht und recht „täglich". Wer sich seiner Nachfolge versagt, der verleugnet *ihn,* und wer ihn verleugnet, den wird *er* vor seinem himmlischen Vater verleugnen.

Das sind seine Worte; was diese seine Worte besagen, das bestätigt sein *Tun.* Gegen die Entweihung des Tempels durch das gewinnsüchtige Treiben der Geldwechsler und Viehhändler schreitet er ein in heiligem Zorn. Der Evangelist beschreibt uns Jesu Vorgehen bis ins einzelne; es lohnt sich wirklich, es nachzulesen und auf die Einzelheiten einzugehen. Jesus greift einen Strick auf. Damit schlägt er nicht auf Menschen ein, sondern gibt den vernunftlosen Tieren zu verstehen, daß sie zu weichen haben und wohin sie sich zurückziehen sollen. Die Tische der Geldwechsler stößt Jesus rücksichtslos um, so daß das Geld über den Boden rollt; den in den Käfigen eingesperrten Täubchen erweist er schonende Rücksicht und gibt Anweisung, sie in ihren Käfigen fortzutragen. Daß die Geldwechsler sich dem Umsturz ihrer Tische nicht gewaltsam widersetzen und das Geld am Boden rollen lassen, daß die Verkäufer der Täubchen der ihnen erteilten Weisung folgen, läßt sich nur verstehen von dem überwältigenden Eindruck her, den die große und starke Persönlichkeit dessen auf sie macht, der sich nicht von einem Ausbruch leidenschaftlicher Erregung hat hinreißen lassen, der vielmehr in vollkommener Beherrschung seiner selbst und seines Eifers für die Ehre seines Vaters ihnen entgegentritt. Gott sei Dank, daß der Evangelist das so anschaulich und ausführlich beschrieben hat; so kennen wir unseren Herrn auch von dieser seiner für uns so wichtigen und kennenswerten Seite. Gewiß war das nicht das alltägliche Auftreten Jesu, aber er *konnte* so auftreten und *ist* so aufgetreten, wo der Auftrag, den sein himmlischer Vater ihm gegeben, es gebot.

Mögen die manchmal schreckhaft harten und strengen Züge des Gottesbildes des Alten Testaments im Neuen Testament und namentlich in der Person Jesu noch so sehr gemildert sein, sowohl sein persönliches Verhalten als auch seine Botschaft sind alles andere als schwächlich, weichlich oder süßlich. Auch in seiner Menschwerdung ist und bleibt Gott der mit Macht gebietende Herr; zu seiner Größe gehört die Strenge nicht weniger als die Milde, die entschiedene Geltendmachung seiner Rechte nicht weniger als seine nachsichtig verzeihende Güte.

Menschenwürde

Grundstein unserer verfassungsrechtlichen Ordnung ist die als „unantastbar" zu achtende und zu schützende *Würde des Menschen;* sie steht in unserem Grundgesetz gleich vorn an der Spitze (Art. 1, Abs. 1). Wie diese Würde des Menschen näherhin zu verstehen ist, worin sie letztlich gründet, erläutert das Grundgesetz nicht; das setzt es offenbar als bekannt voraus und sieht es darum als keiner Erläuterung bedürftig an; immerhin gibt es einige Fingerzeige. Indem es auf die „unantastbare" Würde des Menschen noch im gleichen Artikel in Absatz 2 die „unverletzlichen und unveräußerlichen" Menschenrechte folgen läßt, deutet es doch wohl einen sehr engen Zusammenhang zwischen Menschenwürde und Menschenrechten an, und so darf man dann wohl auch das wiederum unmittelbar anschließend in Art. 2 ausgesprochene „Recht auf freie Entfaltung der Persönlichkeit" im Sinn des Grundgesetzes als aus der Würde des Menschen erfließend ansehen. Dann aber liegt es nahe, die Würde des Menschen in dem begründet zu sehen, was nach unserem Verständnis den Menschen als *Person* konstituiert; das ist seine Begabung mit Vernunft und seine Fähigkeit zur Selbstbestimmung, ja vielleicht noch genauer seine Fähigkeit zur *verantwortlichen* Selbstbestimmung. Alsdann aber spricht der Umstand, daß in Art. 4 die Freiheit des *Gewissens* gewährleistet (Abs. 1) und daraus eigens die noch keineswegs in aller Welt anerkannte Folgerung gezogen wird, daß niemand gegen sein Gewissen zum Kriegsdienst mit der Waffe gezwungen werden darf (Abs. 3), erst recht gewichtig dafür, daß das Grundgesetz die Würde des Menschen darin begründet sieht, daß er ein für sein Tun und Lassen *verantwortliches* Wesen ist, daß er ein *Gewissen* hat. (...)

Ist damit für den gläubigen Christen alles befriedigend erklärt? (...) Oder verbergen sich hinter der von allen bejahten Menschenwürde sehr verschiedene Vorstellungen vom Menschen und von dem, was seine Würde ausmacht? Wie steht es – das ist zweifellos der entscheidende Punkt – um das dem Bekenntnis zur Würde des Menschen zugrunde liegende *Menschenbild?* (...)

Für den Christen ist die transzendente Dimension des Menschenbildes wesentlich und unverzichtbar. *Objektiv* gründet die Würde des Menschen, ihre Unantastbarkeit, ihr Anspruch auf Achtung und Schutz letztlich darin, daß der Mensch Ebenbild Gottes, „von und zu Gott" ist. Einzig und allein diese Gottbezogenheit verleiht ihm echte

„Würde"; ebenso unbestreitbar ist davon im Grundgesetz (dasselbe gilt vom Godesberger Programm) keine Rede.

Gewissen

Das Grundgesetz (ähnlich auch das Godesberger Programm) sieht und versteht die Würde des Menschen in engster Verbindung mit dem *Gewissen.* Demzufolge bleibt nur noch der Weg offen, zu prüfen, ob die Bezugnahme auf das Gewissen die explizit nicht aufscheinende, für uns Christen aber unverzichtbare transzendente Dimension wenigstens *impliziert;* ob das zutrifft oder nicht, das und nichts anderes ist die entscheidende Frage.

Dazu finden wir in der Pastoralkonstitution des Zweiten Vatikanischen Konzils „Gaudium et spes", deren Kapitel I, 1 von der „Würde der menschlichen Person" handelt, einen hilfreichen Hinweis. Unter der Überschrift „Die Würde des sittlichen Gewissens" befaßt sich dessen Art. 16 genau mit unserer Frage. Dort heißt es: „Im Inneren seines Gewissens entdeckt der Mensch ein Gesetz, das er sich nicht selbst gibt, sondern dem er gehorchen muß und dessen Stimme ihn immer zur Liebe und zum Tun des Guten und zur Unterlassung des Bösen anruft ... Denn der Mensch hat ein Gesetz, das von Gott seinem Herzen eingeschrieben ist, dem zu gehorchen seine Würde ausmacht und demgemäß er gerichtet werden wird. Das Gewissen ist die verborgenste Mitte und das Heiligtum im Menschen, wo er allein ist mit Gott."

Das sagt das Konzil nicht vom gläubigen Menschen, sondern vom Menschen schlechthin. Jeder Mensch hat dieses Gewissen, und wenn er sich gegen dessen Stimme nicht vorsätzlich taub gemacht hat oder sich taub dagegen stellt, dann hört er diese Stimme, die ihm ein Gesetz verkündet, „das er sich nicht selbst gibt", das vielmehr „von Gott seinem Herzen eingeschrieben ist". Ja, das Konzil geht noch weiter und sagt – wiederum nicht vom gläubigen, sondern von *jedem* Menschen –, in seinem Gewissen sei er „allein mit Gott, dessen Stimme in diesem seinem Innersten zu hören ist" (a.a.O.).

„Allein mit Gott"; das besagt doch: *der* Mensch (d.i. jeder Mensch) ist nicht nur tatsächlich „von und zu Gott"; diese seine „transzendente Dimension" ist nicht nur in abstracto objektiv gegeben, sondern ist ihm in seinem Gewissen in concreto real und aktuell präsent; er wird von Gott angesprochen und, gleichviel, ob er sich dieser Ansprache willig oder unwillig stellt oder ihr trotzt, es ist Gott, der mit ihm und mit dem er redet, auch wenn er ihn als seinen Gesprächspartner nicht erkennt.

In jeder Philosophie gibt es die berühmte Streitfrage, ob sich aus der Tatsache des Gewissens, daraus, daß wir uns von sittlichen, unbedingt Verbindlichkeit für sich in Anspruch nehmenden Normen angesprochen wissen, das Dasein Gottes erschließen läßt (sogenannter ethischer Gottesbeweis), oder ob es umgekehrt zuvor der Erkenntnis Gottes bedarf, um den von uns verspürten unbedingten Verbindlichkeitsanspruch sittlicher Normen einsichtig zu machen. Diese spekulative Frage steht hier in allerhöchster Aktualität vor uns. Theoretisch-spekulativ äußert sich das Konzil zu ihr nicht; dafür aber gibt es eine handfeste konkret-praktische Antwort; es sagt: „Durch die Treue zum Gewissen sind die Christen mit den übrigen Menschen verbunden im Suchen nach der Wahrheit und zur wahrheitsgemäßen Lösung all der vielen moralischen Probleme ... im Leben der einzelnen wie im gesellschaftlichen Leben" (a.a.O.).

Das besagt doch: damit wir Christen mit anderen, auch mit denen, die von Gott nichts wissen, unter einer gemeinsamen sozialen und politischen Ordnung leben und diesen Staat als unseren Staat anerkennen und uns ihm verpflichtet wissen können, braucht in dem Menschenbild, das dieser Ordnung zugrunde liegt und aus dem wir mit den anderen dieses gesellschaftliche Ordnungsbild ableiten, nicht unbedingt notwendig die transzendente Dimension ausdrücklich („explizit") eingezeichnet zu sein; es genügt – wenn auch vielleicht nur gerade eben noch zur Not; das kann hier offenbleiben – die Bezugnahme auf das *Gewissen;* mit dem Gewissen ist die transzendente Dimension *impliziert.*

Familie

Gehört die Familie zu den Einrichtungen, die „für das irdische Wohl und ein menschenwürdiges Zusammenleben" *unentbehrlich* sind und die Christen darum als in der von Gott geschaffenen Menschennatur grundgelegt und darum als von ihm gewollt anzusehen haben?

Die menschliche Fortpflanzung ist offenbar auch außerhalb der Ehe und Familie möglich. Daß die liebevolle, in unverbrüchlicher Treue bis zum Tod gehaltene Verbundenheit der Ehegatten die feste Grundlage der Familie ist und welchen Segen für das Kind es bedeutet, von einem solchen Elternpaar als Geschenk Gottes freudig angenommen und in Liebe aufgezogen zu werden, darüber sind keine Worte zu verlieren. In einer leider nicht unbeträchtlichen Zahl von Einzelfällen müssen Kinder diese unschätzbaren Wohltaten entbehren und wachsen in „unvollständigen Familien" auf oder in Einrichtungen, die als Ersatz einspringen für die fehlende oder die schuldhaft oder schuldlos zur Erfüllung ihrer Aufgabe ungeeignete oder gar unwillige Familie.

Ist darum die Institution der Familie unentbehrlich?

Die Frage ist unrichtig oder doch ungenau gestellt; richtig müßte sie lauten: „Ist darum *die Familie als Institution* entbehrlich?" – Ein gewisses Maß an „Ersatz" für die Familie kann die menschliche Gesellschaft zur Not verkraften, so unvollkommen es ihr auch nur gelingt; dagegen *die Familie als Institution* zu ersetzen und damit entbehrlich zu machen, vermag die menschliche Gesellschaft nach der Erfahrung aller Zeiten schlechterdings nicht. Umgekehrt erweist die Familie, und zwar keineswegs nur eine Auslese vorbildlicher Familien, sondern die überwältigend große Mehrzahl der Familien, gerade in schweren Zeiten sich geradezu bewunderungswürdig leistungsfähig und leistungswillig. (...)

Gott hat es so gefügt, daß der Mensch in vollkommener Hilflosigkeit zur Welt kommt; das Kind ist restlos darauf angewiesen, daß andere – an erster Stelle diejenigen, die es ins Leben gerufen haben – sich seiner annehmen. Kein einziges seiner Lebensbedürfnisse vermag es selbst zu befriedigen; so völlig ist es abhängig. Dank seiner ihm geschenkten Anlagen beginnt es aber bald, sich zur Selbständigkeit zu entwickeln; und im gleichen Maß, wie es sich seiner Fähigkeit bewußt wird, sich selbst zu helfen und nicht mehr in allem und jedem auf väterliche oder mütterliche Betreuung und Hilfe angewiesen zu sein, erwartet es diese Dienste und Hilfe auch nicht mehr als hochwillkommene Wohltat, empfindet sie mehr und mehr als unliebsame Abhängigkeit.

Kluge Eltern haben dafür nicht nur Verständnis, sondern erkennen gerade darin ihre erzieherische Aufgabe, ihren Kindern zum Fortschritt in der Selbständigkeit, christlich ausgedrückt, in der Selbst*verantwortung* zu helfen. Die Eltern sollen die Kinder, die Gott ihnen geschenkt hat und denen sie selbst das Dasein geschenkt haben, *nicht an sich binden,* nicht für *sich* selbst, sondern für *sie* selbst aufziehen, um sie in *ihr eigenes Leben* zu entlassen. Nach dem von Jesus Christus selbst ausdrücklich bestätigten Wort von Genesis 2,24 soll der herangewachsene Sohn „Vater und Mutter verlassen und sich an seine Frau binden", und dasselbe gilt für die herangewachsene Tochter, die sich an ihren Mann binden soll. Von frühester Kindheit an soll die elterliche Erziehung auf diese *Freigabe* der Kinder abzielen – Freigabe zur Gründung einer eigenen Familie oder, wenn Gott sie dazu ruft, Freigabe für den ehelosen Dienst am Reiche Gottes. Das bedeutet eine überaus hohe Anforderung an die Einsicht und noch mehr an die Selbstlosigkeit der Eltern, der selbst hochgebildet und echt christlich strebende Eltern nicht immer im Vollmaß entsprechen; stößt diese Anforderung heute nicht bei vielen auf Unverständnis?

Die Liebe der Eltern zu ihren heranwachsenden Kindern muß allmählich in anderer Gestalt ihren Ausdruck finden als die Liebe zum Kleinkind; dasselbe gilt umgekehrt auch von der Liebe und der Achtung der heranwachsenden Söhne und Töchter für Vater und Mutter. Die groß gewordenen Kinder erwarten von ihren Eltern nicht so sehr zärtliche Ausdrucksformen, vielmehr liebevollen Respekt vor der eigenen Selbständigkeit. Fühlt der junge Mensch sich von Vater und Mutter *ernst genommen,* dann wird auch *er* Vater und Mutter achten und ehren, wird bereit sein, auf ihre Bedürfnisse und Wünsche Rücksicht zu nehmen, wird ihre Ratschläge ernst nehmen. Stößt er dagegen mit seinem vielleicht etwas überspannten, noch nicht durch Mißerfolge und andere bittere Erfahrungen gedämpften Selbstbewußtsein bei den Eltern auf verständnislosen Widerstand und Abweisung, dann reibt und stößt er sich an der Familie als einer Einrichtung, die ihn in unbegründeter Abhängigkeit halte, und *begehrt dagegen auf.* Kann er sich nicht aus der Familie lösen, erträgt er diese Abhängigkeit mit Widerwillen. Bietet sich eine Möglichkeit, die Wohngemeinschaft der Familie zu verlassen, ziehen heute nicht wenige aus und leben getrennt für sich. Solches Ausbrechen aus der Familie ist eine Flucht und hat wenig zu tun mit dem *natürlichen* Sichloslösen vom Elternhaus. Werden dann noch jüngste Rechtsbestimmungen dazu mißbraucht, den Eltern die Kosten solchen Ausbrechens aufzuhalsen, verschärft dies den Konflikt; nicht selten kommt es zum dauerhaften Bruch.

Die Hauptursache des Aufbegehrens gegen die Institution der Familie dürfte damit aufgedeckt sein. Es kommt alles darauf an, die *Ursache selbst* zu beheben. Versöhnende und befreiende Begegnung setzt Einsicht und guten Willen auf *beiden* Seiten voraus. Ziel des *natürlichen* Ablösungsprozesses ist eine neue, Erwachsenen gemäße Beziehung: Die Freigabe der Kinder durch die Eltern ermöglicht eine neu zu suchende, freie Beziehung der erwachsenen Kinder zu den Eltern.

Arbeit

Nach christlichem Verständnis ist Arbeit Entfaltung der dem Menschen von Gott geschenkten geistigen und körperlichen Kräfte, durch deren Betätigung in der Richtung auf ein ernsthaftes und ernstgemeintes Ziel. Und damit unterscheidet sie sich vom Spiel, als Betätigung dieser Kräfte um ihrer selbst willen, d.h. wegen des aus dieser Betätigung entspringenden und mit ihr verknüpften physischen und psychischen wohltuenden Erlebnisses dieser eigenen Kräfte und des eigenen Könnens. Zwischen Arbeit und Spiel besteht jedoch keine scharfe Grenze. Eine Art mittlerer Stelle zwischen beiden nimmt das Training ein. Mit der Arbeit teilt es das ernsthafte und ernstgemeinte Ziel, hier nämlich die eigenen Kräfte und Fähigkeiten zu steigern. Mit dem Spiel teilt das Training das wohltuende und erhebende Erlebnis des Fortschritts, des Wachstums der Kräfte und Fähigkeiten, und dazu kommt die fortdauernde Freude an dem, was man an körperlichen und geistigen Kräften und Fähigkeiten, an Geschicklichkeit, an Erkenntnissen und Erfahrung hinzugewonnen hat. (...)

Wenn wir hier von Arbeit reden, dann ist in der Regel nicht die Arbeit als solche oder schlechthin gemeint, sondern die Arbeit im Lohnarbeitsverhältnis. Nicht selten sogar gar nicht einmal diese Arbeit, sondern der Arbeitsplatz, die Arbeitsgelegenheit bzw. das Rechtsverhältnis, unter dem diese Arbeit geschuldet, geleistet und entgolten wird. Wieviel reden wir aneinander vorbei, wenn der eine die Arbeit meint, die zu leisten ist, und der andere die Arbeitsgelegenheit. Von dem einen haben wir an Angebot zu viel, des anderen haben wir an Nachfrage zu wenig.

Unsere Terminologie ist da ja ein wenig verschroben. Vorzugsweise denken wir, wenn wir von Arbeit sprechen, an die im Bereich der Gütererzeugung geleistete Arbeit. Erst an zweiter Stelle an die im Dienstleistungsbereich geleistete Arbeit. Und hier stoßen wir auf einen paradoxen Sachverhalt.

Wer in *selbständiger* Arbeit steht, sei es im eigenen Betrieb, sei es im eigenen Haushalt, der wird jeden technischen und organisatorischen Fortschritt, der menschliche Mühe und Arbeit erspart, als Erleichterung freudig begrüßen und sich zunutze machen. Die Hausfrau wird mir das bestimmt bestätigen. Wer dagegen in unselbständiger, gegen Entlohnung verrichteter Arbeit steht, fürchtet den gleichen Fortschritt als existenzbedrohend und wird tatsächlich von ihr nicht selten in existenzvernichtender Weise betroffen. Die bäuerliche Familie in ihrem Familienbetrieb, die städtische Hausfrau in ihrem Haushalt machen sich keine unnütze Arbeit, nur um nicht beschäftigungslos zu sein oder zu werden.

Anders verhält es sich im Bereich der *unselbständigen* Arbeit, die gegen Entlohnung verrichtet wird. Da muß Beschäftigungspolitik betrieben werden, d.h., es müssen Maßnahmen getroffen werden, die dazu führen, daß mehr Arbeit geleistet wird und durch diesen Mehraufwand an Arbeit mehr an sich gar nicht benötigte Güter erzeugt werden, um mehr Menschen in Beschäftigung zu bringen und ihnen auf diese Weise Gelegenheit zum Erwerb ihres Lebensunterhalts zu bieten.

Nicht um den Mangel an Gütern zu beheben, sollen mehr Güter erzeugt werden, sondern weil es zuviel Arbeitskräfte gibt. Um dem abzuhelfen, sollen sie damit beschäftigt werden, „die Fülle oder Überfülle an Gütern noch weiter zu vermehren". Als ob es keinen anderen Weg gebe als den unsinnigen Umweg, die zu verteilende Masse noch weiter über den Bedarf hinaus zu vergrößern, um die längst überreichliche Güterfülle auf die Bedarfsträger zu verteilen. Wir müssen aber zugeben, daß dieses in sich widersinnige Verfahren neben der durchaus sinngemäßen Arbeitszeitverkürzung bis in die jüngste Zeit durchaus noch annehmbar funktioniert. Jetzt aber setzt plötzlich und unerwartet der viel zu spät von uns erkannte und mit Erschrecken zur Kenntnis genommene nahestehende Aufbrauch der dazu benötigten Rohstoffe diesem Weg ein unübersteigbares Ende.

Nach wie vor braucht der Mensch beides. Lebensunterhalt und einen ihn erfüllenden Lebensinhalt. Bei den industriellen, fortgeschrittenen Völkern sind diese beiden Erfordernisse für die große Mehrheit der Bevölkerung mehr oder weniger ausschließlich über das Lohnarbeitsverhältnis miteinander verknüpft. Durch die Erschöpfung der nicht regenerierbaren Ressourcen entsteht eine grundlegend veränderte Situation. Es wird deshalb auf Dauer nicht bei dieser gewohnten Einspurigkeit bleiben können. Es ist an der Zeit, daß wir uns noch andere Mittel und Wege einfallen lassen. Darüber ist ernsthaft nachzudenken.

Mitbestimmung und Unternehmer

Einem Lernprozeß hatte ich mich zu unterziehen in Sachen der Mitbestimmung. Was ich 1932 in meinem Kommentar zu „Quadragesimo anno" zu der einschlägigen Textstelle (Ziff. 65) geschrieben habe, ging noch von der herkömmlichen Vorstellung aus, die Mitbestimmung der Arbeitnehmer auf dem Weg über die Vermögensbeteiligung am

Unternehmen herbeizuführen. Erst später ist mir die Erkenntnis aufgegangen, daß damit das wahre Anliegen verfehlt wird. Seinen Anspruch auf Mitbestimmung leitet der arbeitende Mensch aus seiner *Arbeit* her; nicht als kleiner Anteilseigner („Kapitalist") will er mitbestimmen, sondern ausgesprochenermaßen und betont aufgrund seiner Arbeitsbeteiligung. (...)

Sinnvollerweise ist nicht das *gegenständliche* Unternehmen, das ist das in ein Rechtsgewand gekleidete, unternehmerisch genutzte *Vermögen,* Gegenstand der Mitbestimmung, sondern das *personal* verstandene Unternehmen, das ist – in der Sprache der Pastoralkonstitution des Konzils „Gaudium et spes" ausgedrückt – der *Verbund* der Vermögen oder Arbeit zum gemeinsamen Wirtschaftsvollzug einsetzenden *Menschen.* (...)

Zum Unternehmen gehört an allererster Stelle ein Unternehmer, das ist jemand, der mit denen, die ihre Arbeit, und denen, die ihr Geld einsetzen, etwas unternimmt. (...) Er ist es, der die Dichotomie der von beiden Materialfaktoren Arbeit und Kapital eingebrachten, unvermeidlich in gewichtigen Stücken divergierenden, ja konfligierenden Interessen „aufhebt", indem er sie zu einer gemeinsamen Aufgabe und damit zu einem überragenden gemeinsamen Interesse koordiniert und integriert.

Typisch für das Verkennen des Unternehmers und seiner Funktion ist das immer wiederkehrende Mißverständnis der Mitbestimmung als ein „Dreinreden" der Arbeitnehmer in die wirtschaftlichen Entscheidungen; wenn das der Sinn der Mitbestimmung wäre, dann würde ich sie noch viel entschiedener bekämpfen, als ich mich für die richtig verstandene Mitbestimmung einsetze.

Wie dem aber auch sei, das Unternehmen braucht notwendig eine von den Sonderinteressen der beiden Materialfaktoren Arbeit und Kapital unabhängige, ich scheue nicht zu sagen, „souveräne" Führung, und darum braucht es ein Führungsorgan, das den unentbehrlichen einheitlichen Führungswillen bildet und ihn auf die Gesamtheit derer überträgt die an dem, was da „unternommen" wird, teilnehmen. Um das leisten zu können, muß das Führungsorgan, der „Unternehmer", getragen sein vom Vertrauen beider das Unternehmen tragenden Materialfaktoren, denn nur so können sie ihre Sonderinteressen in dem gemeinsamen übergeordneten Interesse am Erfolg des Unternehmens zuverlässig „aufgehoben" wissen; dazu ist erforderlich, daß der Unternehmer seine Legitimation von beiden Seiten herleitet und seine Funktion im Bewußtsein seiner Verantwortung gegenüber ihnen beiden ausübt.

Partnerschaft

Die Partnerschaft erschöpft sich nicht in einem Komplex von Normen, vergleichbar etwa mit dem Aktien- oder GmbH-Gesetz; zu ihr gehört wesentlich eine Gesinnung und Haltung, die ihrerseits in richtiger Einsicht wurzeln muß. (...)

Wie aber steht es um den eigentlichen Kern der Partnerschaft im Unternehmen, nämlich um den Versuch oder das Bemühen, den Arbeitnehmer durch institutionalisierte unmittelbare oder auch nur mittelbare, jedoch für ihn durchschaubare und von ihm begrüßte Beteiligung am Erfolg des Unternehmens zu motivieren? Welche Einstellung bringt der Arbeitnehmer diesem Vorhaben entgegen, und welche Reaktion darauf ist von ihm zu erwarten?

Da diese Motivation den Arbeitnehmer veranlassen soll, in erhöhtem Maß zum Erfolg des Unternehmens beizutragen, wird man ihm in Verbindung mit dem materiellen Anreiz auch vermehrte Gelegenheit bieten, Einfallsreichtum und Initiative zu entfalten. So braucht sein erhöhter Beitrag durchaus nicht darin zu bestehen, daß er – wie beim Akkordlohn – durch höhere Anspannung seiner physischen oder psychischen Kräfte mehr Leistung aus sich herausholt mit der Folge, daß sein Einkommen in Geld sich zwar erhöht, sein Gesamtbefinden jedoch sich verschlechtert; vielmehr ist zu erwarten, daß er, nachdem sein Interesse einmal geweckt ist, umsichtiger arbeitet und ohne erhöhte Anstrengung mit weniger Material- und Energieverbrauch und in weniger Zeit die gleiche oder eine höhere und vor allem bessere Leistung erbringt. Auf jeden Fall bleibt ihm die psychische Belastung des Verdrusses erspart, von dem, was er über das unerläßliche Mindestmaß hinaus leiste, davon habe er nichts, das alles falle unverdientermaßen seinem Interessengegner, dem Kapitalisten, in den Schoß. So wäre also der Arbeitnehmer, immer vorausgesetzt, daß es sich um ein vertrauenswürdiges, ehrliches Angebot handelt, gut beraten, wenn er es annimmt, und es darf erwartet werden, daß der einsichtige, nicht doktrinär verhetzte Arbeitnehmer auf das Angebot eingehen wird und sich motivieren läßt – gleicherweise zu seinem eigenen Vorteil und zum Vorteil des Unternehmens.

Der Arbeitnehmer, der nicht nur stolz ist auf seine Arbeit, d.i. auf sein fachliches Können und seine Leistung, sondern auch stolz ist auf das Unternehmen, mit dem er sich identifiziert, das in diesem Sinn „sein" Unternehmen ist, hat bestimmt ein leichteres und schöneres Leben als der Arbeitnehmer, der ständig von dem Gedanken gequält ist, daß er nicht für sich und seine Familie, sondern – wie ihm eingeflüstert wird – nur für das Unternehmen, für andere arbeiten muß, die er nicht einmal kennt, die ihn aber ausbeuten. Gleichviel ob dieser Sachverhalt wirklich besteht oder ihm nur eingeredet wird, die Partnerschaft im Unternehmen will ihn ihm nicht nur ausreden, sondern will eine Lage schaffen, bei der der Arbeitnehmer aus eigener Einsicht erkennt und aufgrund eigener Erfahrung spürt, daß er sich nicht vergeblich für gegnerische Interessen abmüht, daß vielmehr sein Einsatz und der Einsatz seiner Arbeitskameraden für den guten Fortgang und den Erfolg des Unternehmens ihm selbst und ihnen allen zugute kommt.

Schon als vor nahezu 100 Jahren ein Kreis katholischer Unternehmer den Verein „Arbeiterwohl" gründete und erste soziale Maßnahmen ins Werk setzte, wurde – damals nicht von sozialistischer, sondern von liberaler (Konkurrenten-)Seite – der hämische Einwand erhoben, von diesen sozialen Maßnahmen zögen sie selbst wohl den größten Nutzen. Das war der Neid und die Mißgunst nicht uneinsichtiger Arbeitnehmer oder Gewerkschaftsfunktionäre, sondern der eigenen, sich im Wettbewerb bedroht fühlenden Unternehmerkollegen.

Neid ist schmutzig. Warum soll man den Unternehmern, die ehrliche und erfolgreiche Partnerschaft ins Werk setzen, den Nutzen mißgönnen, den sie ihnen selbst einbringt? Wenn die Sache recht angefaßt wird, wenn keine katastrophalen Fehler unterlaufen, kurz, wenn es eine ehrliche Partnerschaft ist, dann geht dieser Nutzen nicht zu Lasten oder auf Kosten der Arbeitnehmer, sondern kommt mittelbar auch wieder den Arbeitnehmern zugute. Ein Unternehmer von hohen Graden, der zugleich ein bahnbrechender Forscher und hochgeschätzter wissenschaftlicher Lehrer war, Friedrich Dessauer, hat diese Erkenntnis auf die klassische Formel gebracht: „Gesetz der rückstrahlenden Wohlfahrt."

Eigentum

Der heutige Streit um das Eigentum ist ungleich verworrener als derjenige, den „Quadragesimo anno" beendigen wollte. Damals wußte man, worüber gestritten wird, heute herrscht babylonische Sprachenverwirrung; wenn das Stichwort „Eigentum" fällt, ist noch ganz offen, was denn gemeint ist. Sehr oft wird die Frage ins Metaphysische erhoben; man meint die Erhabenheit des vernunftbegabten Menschen über die vernunftlose Sachenwelt und die daraus sich ergebende *sittliche* Befugnis des Menschen, sie seinen Zwecken dienstbar zu machen, über sie zu herrschen. Damit befinden wir uns aber ein Stockwerk *zu hoch.*

Das Eigentum hat es mit etwas viel Trivialerem zu tun, nämlich mit der Aufgabe, die Herrschaftsbereiche verschiedener Menschen über die vernunftlose Kreatur gegeneinander *abzugrenzen.* Eigentum, ius proprietatis, bezeichnet das, was jeder *besonders* „zu eigen" hat. Eigentum ist ex definitione Sonder-Eigentum, oder anders ausgedrückt: „Sonder-Eigentum" ist ein Pleonasmus, ein „Hendiadyoin". Indem man die metaphysische Dignität der Herrschaft des vernunftbegabten Wesens über die vernunftlose Kreatur durcheinanderbringt mit dem Juridicum der *Abgrenzung* der Herrschafts*bereiche,* wenn man obendrein Dinge hineinmengt, die gar nicht vernunftlose Kreaturen, sondern von Menschen erdachte und in Kraft gesetzte Rechtsfiguren und Rechtsbeziehungen zwischen Menschen sind (ein Sperrpatent oder eine Kartellquote sind keine „vernunftlosen Kreaturen"!), dann entsteht nur heillose Verwirrung, und wir reden aneinander vorbei.

Diese Verwirrung spielt auch in die Mitbestimmungsfrage hinein, wo man sich beispielsweise auf das „Eigentum" des Inhabers des Unternehmens beruft, in Wirklichkeit aber im Sinn hat, daß das Unternehmen auf *seine* Rechnung und Gefahr geführt, die Erfolge und Mißerfolge rechtlich *ihm* zugerechnet werden, was alles auch zutrifft, wenn überhaupt kein Eigentum oder Vermögen von ihm im Unternehmen steckt, es vielmehr überschuldet ist und alle Sachgegenstände des Unternehmens an die Gläubiger sicherungs*übereignet* sind – ein durchaus nicht theoretisch konstruierter Fall. Hier machen die Gegner der wirtschaftlichen Mitbestimmung durch ihr pathetisches Reden vom „Eigentum" die stärkste Waffe, über die sie verfügen, selber stumpf – aber vielleicht ist im politischen Kampf das Pathos wirksamer als die Logik.

Ist das Eigentum eine *naturrechtliche Institution*? Man braucht nur die sinnverwirrend vielfältigen Bedeutungen der beiden Wörter „Eigentum" und „Naturrecht" säuberlich auseinanderzuklauben, dann stellt sich sofort heraus, daß in diesem ganzen Streit nur leeres Stroh gedroschen wird. Lohnend wäre dagegen, einmal genau herauszuarbeiten, was wir als für die Sicherung der Freiheit und des selbstverantwortlichen Handelns des Menschen *unentbehrlich* unter allen Umständen festhalten und verteidigen müssen. Wenn es gestattet ist, uns von der Faszination der Französischen Revolution und ihres „droit sacré de la propriété" frei zu machen und das Naturrecht nicht erst 1789 beginnen zu lassen, dann möchte ich so formulieren:

Hinsichtlich des Gebrauchs der Sachgüterwelt darf der Mensch nicht dem diskretionären Ermessen irgendeines Kollektivs oder irgendwelcher Instanzen ausgeliefert sein, sondern muß einen *gesicherten* Bereich haben, innerhalb dessen er de iure und de facto frei und selbstverantwortlich verfügen kann. Ein *Mindest*raum solcher Freiheit und Selbstverantwortung *muß* ihm unter allen Umständen, und der nach Lage der Dinge jeweils *größtmögliche sollte* ihm *institutionell* gesichert sein. Wenn wir sozialphilosophisch und im Sinne unserer Tradition *vor* 1789 von „Eigentum" sprechen, meinen wir eine solche Institution, gleichviel unter welchem Namen und in welcher geschichtlichen Erscheinungsform sie auftritt und mit welchen rechtstechnischen Mitteln sie ihre Aufgabe löst. Sind wir in dieser grundsätzlichen Frage einig, dann haben wir den gemeinsamen Boden, um für jede konkret-praktische Frage nach einer für alle annehmbaren Lösung zu suchen und die für oder gegen jeden zur Debatte stehenden Lösungsvorschlag ins Feld geführten Gründe sachförderlich zu diskutieren.

Arbeitslosigkeit und Umweltzerstörung

Arbeitslosigkeit und Umweltzerstörung sind zum großen Teil unerwünschte Nebenfolgen unseres Mangels an Umsicht oder an Verantwortungsbewußtsein beim Gebrauch der durch unsere ständig fortschreitenden wissenschaftlichen Erkenntnisse uns zugewachsenen Macht über die uns umgebende Welt.

Im Raume der Wirtschaft haben wir uns eine Ordnung gegeben, die unbestrittenermaßen zu beispielloser Entfaltung der Kräfte geführt hat. Irrtümlicherweise haben wir dabei unterstellt, und die klassische Nationalökonomie glaubte sogar beweisen zu können, diese Ordnung gewährleistet ohne weiteres ständige Vollbeschäftigung. Heute wissen wir aus Erfahrung, daß sie es nicht gewährleistet, und kennen sogar aus der Theorie die Gründe, warum sie es nicht leisten kann. Trotzdem hat unsere Wirtschaftspolitik sich bis jetzt noch nicht aus den eingefahrenen Gleisen und überholten Vorstellungen zu befreien vermocht. So haben wir eine Wirtschaft aufgebaut, in der die ständige Steigerung der Effizienz oder Produktivität der Arbeit zunehmend Arbeitskräfte „freisetzt", ohne daß gewährleistet wäre, daß sie an anderer Stelle wieder Einsatz zu nützlicher Arbeit und zu Erwerb finden. Die von der klassischen Nationalökonomie entdeckte Selbststeuerung der Wirtschaft durch innere Koordination war gewiß ein großer und an sich segensreicher Fortschritt; leider aber haben wir ihm mehr zugeschrieben, als er zu leisten vermag, und im Vertrauen darauf versäumt, das Nötige vorzukehren, um der Arbeitslosigkeit und ihrem stetigen Anstieg vorzubeugen. Demzufolge ist in unserer dynamisch-expansiven Wirtschaft das Risiko ständig steigender Arbeitslosigkeit institutionalisiert; wir leiden darunter und suchen verzweifelt nach Mitteln und Wegen, um ihr abzuhelfen oder sie wenigstens in Schranken zu halten.

Ähnlich verhält es sich bezüglich der Verwüstung oder

Zerstörung der Umwelt. Unsere Kenntnis der physikalischen Gesetze hat uns instand gesetzt, die Reichtümer der Natur wirtschaftlich zu nutzen und so unseren Wohlstand aufzubauen, und dabei haben wir auch vor tiefen Eingriffen in die Natur nicht zurückgescheut. In der Natur bestehen nun aber eine Menge von Gesetzmäßigkeiten ökologischer Art, deren Mißachtung zu Störungen der Abläufe und zu schweren Schädigungen führt, und diese Schäden haben wir in um so höherem Grade angerichtet, je tiefere Eingriffe unsere immer höher entwickelte Technik uns ermöglichte. Einige dieser Gesetzmäßigkeiten waren uns bekannt; viele aber waren uns unbekannt, bis wir durch Schaden klug wurden.

So hat in beiden Fällen, Arbeitslosigkeit und Umweltzerstörung, unser Mangel an Behutsamkeit und Vorausdenken beim Gebrauch der durch unsere rationelle Technik uns verliehenen Macht die Folge gehabt, daß wir – zum großen Teil unwissentlich und zu unserem eigenen Erschrecken – die Schäden angerichtet haben, unter denen wir jetzt leiden. (...)

Hier seien die Zusammenhänge nur an einem einzigen Beispiel veranschaulicht, nämlich an der heute heiß umstrittenen Frage, ob wir unsere Arbeitslosigkeit durch Beschäftigungspolitik und dadurch herbeigeführte Mehrarbeit oder durch Arbeitszeitverkürzung und dadurch bessere Verteilung der Arbeit bekämpfen sollen. Ist die Beschäftigungspolitik erfolgreich und gelingt es ihr, an Stelle der „wegrationalisierten" Arbeitsplätze immer wieder nicht nur neue, rationellere Arbeitsplätze zu erstellen, sondern auch die „freigesetzten" Arbeitskräfte daran zu beschäftigen, dann wächst die Wirtschaft, das Sozialprodukt im Gleichschritt mit der steigenden Arbeitsproduktivität, und dieses Wachstum ist exponentiell. Zugleich damit wächst, wenn auch nicht notwendig ganz im gleichen Ausmaß, auch der Verbrauch an Rohstoffen und Energie. Da die verbrauchten Ressourcen sich immer nur zum Teil, niemals vollständig durch ‚recycling' wiedergewinnen lassen, aber auch die Wiederinstandsetzung der verwüsteten oder zerstörten Umwelt nicht nur Arbeit, sondern auch viel Material und Energie kostet, würde der für diese Vollbeschäftigungspolitik benötigte Mehrverbrauch von Ressourcen unvermeidlich, sei es früher, sei es später, auf jeden Fall aber in absehbarer Zeit, die Vorräte restlos aufbrauchen und diese Erde unbewohnbar machen.

Anders der Weg einer mit dem Anstieg der Arbeitsproduktivität Schritt haltenden Arbeitszeitverkürzung. – Da wir dank dem technischen und organisatorischen Fortschritt die Güter nicht nur mit weniger Arbeit, sondern auch mit geringerem Aufwand an Material und Energie produzieren, führt diese Politik, die Arbeitslosigkeit zu bekämpfen, nicht zu mehr, sondern zu weniger Ressourcenverbrauch und entsprechend weniger Umweltschädigung. Soweit allerdings bereits angerichtete Umweltschäden wiedergutgemacht werden müssen, führt die dazu benötigte Arbeit zu einer ernsten Schwierigkeit im wirtschaftlichen Bereich. Die Organisation unserer Marktwirtschaft unterstellt stillschweigend, daß die Arbeiter durch ihre unterschiedlichen Produkte und deren Austausch einander wechselseitig entlohnen. Die Arbeit zur Wiederinstandsetzung der verwüsteten Umwelt erzeugt aber keine derart marktwirtschaftlich austauschbaren Produkte, sondern öffentliche und als solche dem entgeltlichen Austausch entzogene Güter wie gute Luft, blauen Himmel und anderes mehr. Infolgedessen läßt diese Arbeit sich marktwirtschaftlich nicht finanzieren. So führen die Sünden, die wir an unserer Umwelt begangen haben, uns mehr aus der Marktwirtschaft hinaus und in eine öffentliche Verwaltungswirtschaft hinein.

Freizeit und menschliches Wachstum

Die herrschende Meinung war bisher, und in Unternehmerkreisen herrscht sie weithin heute noch, wenn wir Wachstum wollen, dann müssen wir es uns erarbeiten; wenn wir *mehr* Wachstum wollen, dann müssen wir entsprechend *mehr* arbeiten. Für diese Denkweise ist Freizeit nichts anderes als verlorene potentielle Arbeitszeit, verlängerte Freizeit vergrößerter Verlust an Arbeitszeit und entsprechend größerer *Verzicht* auf mögliches Wachstum. (...)

Ganze Jahrzehnte lang waren wir geradezu *wachstumsbesessen.* Wir hatten uns daran gewöhnt, daß unsere Lebenshaltung unaufhaltsam stieg ... Dieses Wachstum hat sich inzwischen verlangsamt; manche meinen, es habe sich totgelaufen. Unumstößlich steht fest, daß es einmal auf eine unübersteigliche Grenze stößt, und sollte es der bisher zurückgebliebenen Mehrheit der Weltbevölkerung gelingen, einen ähnlichen Aufbrauch der nicht regenerierbaren Ressourcen und eine ähnliche Verwüstung der Umwelt zu betreiben, wie wir glauben, sie uns leisten zu dürfen, dann würden wir selbst *ohne* künftiges eigenes weiteres Wachstum schon in allernächster Zeit auf diese Grenze stoßen.

Für viele bedeutet eine solche Erkenntnis einen lähmenden Schreck; andere nehmen das zum Anlaß, über den *Sinn* eines solchen Wachstums nachzudenken, sich zu fragen, ob der Mensch mit wachsendem Reichtum solcher Art wirklich wächst, ob es außer *diesem,* auf unübersteigliche Grenze stoßenden Wachstum des menschlichen Reichtums nicht noch anderes, *menschlicheres* Wachstum gibt, und ob auch dafür die alte Erfahrungswahrheit gilt, daß es durch *Arbeit,* wenn auch nicht durch immer mehr, d.i. immer längerer Arbeits*zeit,* sondern durch klügere *Auswahl* und besonneneren oder besinnlicheren *Vollzug* und damit vielleicht sogar mit weniger Arbeitszeit erzielt werden könnte. Wäre es denkbar, daß einem *so* verstandenen

Wachstum ein Mehr an *freier* Zeit nicht nur keinen Abtrag täte, sondern ihm zustatten käme?

Bleiben wir aber zunächst einmal im ökonomischen Bereich und prüfen, *ob* denn schon auch nur rein ökonomisch die Rechnung stimmt, daß der Verlust an Arbeitszeit, um den wir ein Mehr an Freizeit erkaufen müssen, einen ebensolchen Verlust an Sozialprodukt bedeutet. Sind denn wirklich Arbeitszeit und Freizeit zwei Größen ein und derselben Dimension „Zeit", deren konstante Summe immer genau 24 Stunden beträgt, so daß im Null-Summen-Spiel immer die eine so viel gewinnt, wie die andere verliert?

Rein äußerlich gesehen trifft das unbestreitbar zu; bei genauerem Zusehen erweist sich jedoch ein ganz anderer tieferer Zusammenhang; die freie Zeit ist eine *Frucht* der in der Arbeitszeit geleisteten *Arbeit.* In der Arbeitszeit schafft der Mensch die Unterhaltsmittel, die nicht nur seine Arbeitskraft immer wieder erneuern, sondern sein physisches Dasein schlechthin bei Bestand erhalten – nicht nur für die Stunden der Arbeit, sondern auch für den Freiraum an Zeit, der ihm verbleibt, um *aktiv und passiv* an allen Gütern menschlicher Kultur teilzunehmen. Das allein genügt, um die vulgär-ökonomische, um nicht zu sagen ökonomistische Sicht als irrig zu erweisen, für die Freizeit nichts anderes ist als *potentielle,* d.i. nicht genutzte, vergeudete Arbeitszeit. Freizeit ist schon zunächst einmal ein durch die in der Arbeitszeit geleistete Arbeit produziertes kostbares Konsumgut, das allerdings in unserer konventionellen volkswirtschaftlichen Gesamtrechnung nicht aufscheint.

Aber nicht nur das; wir brauchen nur ein kleines Stück weiterzudenken, dann erweist Freizeit sich nicht nur als eines unserer wertvollsten Konsumgüter, sondern zugleich als im denkbar höchsten Maß *produktiv,* nämlich als die „Zeit, in der der Mensch ‚Zeit' hat", kulturelle Güter nicht nur zu genießen, sondern unseren Besitz an kulturellen Gütern zu pflegen und zu mehren.

Subsidiarität

Für das Subsidiaritätsprinzip hat der Volksmund eine zwar scherzhaft klingende, dafür aber sehr anschauliche Wendung: „die Kirche nicht aus dem Dorf tragen". Was im Dorf, in der Ortsgemeinde geleistet werden kann, das trage man nicht an das große öffentliche Gemeinwesen Staat heran; was im engeren Kreis der Familie erledigt werden kann, damit befasse man nicht die Öffentlichkeit; was man selbst tun kann, damit behellige man nicht andere. Das sind praktische Anwendungsfälle, aus denen unmittelbar abzulesen ist, worum es beim Subsidiaritätsprinzip geht. Man kann die Reihenfolge bilden: Selbsthilfe – Nachbarschaftshilfe – Fernhilfe. Alle Vergesellschaftung soll für den Menschen „hilfreich" sein, das heißt, zu seinem Einzelwohl beitragen.

Nun aber kommt dem Menschen für das, worin wesentlich sein Wohl besteht, nämlich für die Entfaltung seiner Persönlichkeit, nichts anderes so sehr zustatten wie das *eigene* Tun, die *eigene* Leistung, die *Selbst*bewährung. Ein alter Spruch lautet: „omne agens agendo perficitur"; jedes tätige (eigener Tätigkeit fähige) Wesen erreicht seine Entfaltung und Vollendung durch seine eigene Tätigkeit (der Sportler durch seine sportliche, der Künstler durch seine künstlerische Betätigung, der Forscher durch seine Forschertätigkeit usw.). Anders als die Maschine, die strenggenommen keine eigene Tätigkeit hat, sondern in Tätigkeit gesetzt, „betrieben" wird, sie verschleißt im „Betrieb". Auch der Mensch ermüdet bei seiner Tätigkeit und verzehrt seine Kräfte; das ist der Preis, um den er als Geist-*Leib*-Wesen seine Persönlichkeitsentfaltung erkaufen muß.

Darum fordert das Subsidiaritätsprinzip: was der einzelne aus eigener Initiative und eigener Kraft leisten kann, darf die Gesellschaft ihm nicht entziehen und an sich reißen; ebensowenig darf das, was das kleinere und engere soziale Gebilde zu leisten und zum guten Ende zu führen vermag, ihm entzogen und umfassenderen oder übergeordneten Sozialgebilden vorbehalten werden.

Auch dieses Prinzip leitet sich unmittelbar her aus dem Verhältnis von Einzelwohl und Gemeinwohl; das Ganze soll dem Glied, soweit diesem Hilfe überhaupt dienlich sein kann, *möglichst gut* helfen. Das Subsidiaritätsprinzip erläutert, auf welche Weise die bereits im Solidaritätsprinzip ausgesprochene Pflicht des Ganzen, sich um das Wohl seiner Glieder anzunehmen, *am besten* erfüllt wird: die beste Gemeinschaftshilfe ist die Hilfe zur Selbsthilfe; wo immer Gemeinschaftshilfe zur Selbsthilfe möglich ist, soll daher die Selbsthilfe unterstützt, *Fremd*hilfe dagegen nur dann und insoweit eingesetzt werden, wie Gemeinschaftshilfe zur Selbsthilfe nicht möglich ist oder nicht ausreichen würde. – Das Subsidiaritätsprinzip gibt auch die Reihenfolge an, in der die verschiedenen Sozialgebilde zur Gemeinschaftshilfe berufen sind: jeweils das dem hilfsbedürftigen Gliede am *nächsten* stehende, dessen Mittel und Kräfte dazu ausreichen. Grund: weil seine Hilfe am wenigsten den Charakter der Fremdhilfe hat und der Selbsthilfe des Gliedes (der Gliedgemeinschaften) am meisten Raum läßt. (...)

In der politischen Praxis wird das Subsidiaritätsprinzip seltener im *positiven* Sinn angerufen, um die Pflicht zur Hilfeleistung einzuschärfen; viel häufiger im *negativen* Sinn, um einem Übermaß zu wehren, auch dies wieder nur selten im rechten Sinn; nur Hilfe, die wirklich hilfreich ist, viel häufiger in der falschen Absicht; nur dann Hilfe, wenn Hilfe unumgänglich not tut. – Nach allem erweist das Subsidiaritätsprinzip sich als *Zuständigkeitsprinzip* und ist als solches eindeutig ein *Rechts*prinzip; es sagt aus, *wer* im Verhältnis von Ganzem und Glied etwas zu tun, eine bestimmte Leistung zu erbringen hat, sei es unmittelbar im Verhältnis von Einzelmensch und Gesellschaft, sei es im Verhältnis von Gliedgemeinschaft und übergeordneter Gemeinschaft.

Über das Subsidiaritätsprinzip bestehen die unsinnigsten Mißverständnisse, die obendrein unausrottbar erscheinen; das Schrifttum darüber ist unübersehbar geworden. Die Mißverständnisse knüpfen sich an das Fremdwort „subsidiär", das zwar „hilfsweise" bedeutet, aber in dem abwertenden Sinn von behelfs- oder ersatzweise, das ist, womit man sich in der Not mangels eines Besseren behilft oder wozu man als Ersatz greift, wenn man das eigentlich Benötigte nicht haben kann. – Recht verstanden hält das Subsidiaritätsprinzip genau die goldene Mitte: positiv gewendet wehrt es der individualistischen, negativ gewendet der kollektivistischen Einseitigkeit.

Solidarität

Der Begriff „Solidarität" stammt ursprünglich aus dem *Rechtswesen;* er bezeichnet eine besondere *Art* von Verbundenheit; ihre Eigenart besteht darin, daß alle „solidarisch" Verbundenen in *der* Weise für eine Verpflichtung einzustehen haben, daß jeder auf die ganze Leistung in Anspruch genommen werden kann, d.h., jeder hat nicht nur seinen eigenen Anteil zu erbringen, sondern auch für das *Versagen* der anderen einzuspringen. Der Volksmund drückt das so aus: „Alle sitzen in einem Boot". Diese volkstümliche Redeweise bringt gut zum Ausdruck, daß es sich hier um ein Mit-einander-verbunden-Sein nicht nur rechtlicher, sondern *tat*sächlicher Art handelt. Solidarische Verbundenheit besagt, auf Gedeih und Verderb miteinander verbunden sein. Wo dieser Sachverhalt vorliegt, ergibt sich daraus die *Rechts*pflicht, sich so zu *verhalten,* wie es dieser Verbundenheit entspricht oder wie diese Verbundenheit es gebietet. Man kann zwar dagegen aufbegehren; man kann dieser Pflicht zuwiderhandeln und versuchen, sich ihr zu entziehen; man kann sich ihr aber nicht völlig entschlagen; auch wenn man ihr zuwiderhandelt, bleibt man in sie verstrickt.

So entspricht der tatsächlichen Solidarität die solidarische *Gesinnung,* die diese Verbundenheit *bejaht,* und die solidarische *Verhaltensweise,* die diese Verbundenheit praktisch *übt.* Demgegenüber kann die menschliche Schwachheit allerdings auch versagen und versagt leider allzuoft.

Als Ergebnis ist demnach festzustellen: Solidarität bedeutet ein Zweifaches:

1. Eine *Tatsache,* den tatsächlichen Sachverhalt, der völlig unabhängig davon besteht, ob wir darum wissen, ob wir damit einverstanden sind, ob wir ihn wollen oder nicht, und

2. die *sittlich-rechtliche* Forderung oder Verpflichtung, der wir in unserem Verhalten nachkommen, der wir uns aber auch versagen und ihr zuwiderhandeln können; die *Folgen* dieses unseres Wohl- oder Fehlverhaltens müssen wir allerdings in Kauf nehmen; ihnen können wir uns letztendlich nicht entziehen.

Demnach spaltet unsere Frage, ob in einer wettbewerblich organisierten Weltwirtschaft für weltweite Solidarität überhaupt Platz ist, sich in zwei Fragen auf:

1. besteht in der wettbewerblich organisierten Weltwirtschaft eine solidarische Verbundenheit, oder schließt das wettbewerbliche Prinzip diese Verbundenheit mehr oder weniger aus?

2. können die an dieser Weltwirtschaft teilnehmenden Wirtschafts*subjekte,* d.i. unmittelbar die einzelnen Volkswirtschaften, mindestens mittelbar aber auch die Einzelwirtschaften (Betriebe, Unternehmen) sich so verhalten, wie es weltweiter Solidarität entspricht, d.h. Solidarität praktisch üben, und kann man erwarten, daß sie es *tun werden?* Ist ihnen ein solches solidarisches Verhalten überhaupt zumutbar oder hätte es unverhältnismäßige, ja schlechterdings untragbare Nachteile zur Folge, wäre es selbstmörderisch?

Toleranz

Ganz allgemein verstanden besagen sowohl das Hauptwort „Toleranz" als auch das Zeitwort „tolerieren" nichts anderes als *dulden* im Sinn von zulassen, geschehen oder gewähren lassen. Im engeren und hier allein interessierenden Sinn besagen sie, dem Andersdenkenden seine *Meinung* lassen, ihn wegen dieser seiner Meinung nicht unterdrücken, verfolgen, zurücksetzen oder sonstwie schlechter behandeln, ihn weder physisch noch psychisch (intellektuell oder moralisch) vergewaltigen oder zu vergewaltigen versuchen, ihn weder hindern, seine Meinung zu *äußern* noch seiner Überzeugung gemäß zu *handeln,* solange er dadurch nicht die öffentliche Ordnung verletzt oder das friedliche Zusammenleben stört. – Der Tolerante räumt dem Andersdenkenden die Freiheit der *Meinungsäußerung* und im Rahmen der für alle geltenden rechtlichen Ordnung *Handlungsfreiheit* ein bis zu der Grenze, wo der andere diese Freiheit dazu mißbraucht, um mit Berufung auf sie *In*toleranz zu üben, d. i. den Toleranten ebendieser Freiheit zu berauben, ihn unter das Joch *seiner* Meinung und *seines* Willens zu zwingen.

So das äußere Verhalten. Wie aber ist die innere Haltung oder Gesinnung zu verstehen, der das tolerante Verhalten entspringt?

Selbstverständlich hält der Tolerante seine Meinung für richtig (anderenfalls wäre sie ja nicht „seine" Meinung) und hält die Meinung des Andersdenkenden für irrig, vielleicht sogar für gefährlich oder verwerflich, aber er achtet den Andersdenkenden und hält ihn nicht schon allein deswegen, weil er anderer Meinung ist, für dumm oder gar für bösartig; er weiß, daß er selbst sich irren kann und schon manchmal geirrt hat; so hütet er sich, seinen Urteilen übergroße Gewißheit und seinen Entscheidungen unbedingte Richtigkeit zuzuschreiben. Anders der *In*tolerante; er hält seine Meinung für unumstößlich richtig und jede davon abweichende Meinung für ebenso unumstößlich irrig.

Der Tolerante versagt dem Andersdenkenden seine Achtung nicht, nimmt vielmehr bis zum Beweis des Gegenteils an, der andere sei auch ein verständiger Mensch; auch er habe sich Gedanken gemacht und sorgfältig geprüft, bevor er sich seine Meinung oder erst seine sittliche Überzeugung bildete; darum achtet der Tolerante nicht nur den Andersdenkenden als ehrenwerten Mitmenschen, sondern achtet auch dessen von ihm selbst nicht geteilte Überzeugung, zwar nicht als inhaltlich zutreffend, wohl aber als ehrlich und echt, namentlich dann, wenn er sieht, daß der andere seiner Gewissensüberzeugung, die er sich mit gewissenhafter Sorgfalt gebildet hat, auch dann nachlebt, wenn sie hohe Anforderungen an ihn stellt und ihm Opfer abverlangt. So nimmt der Tolerante die von ihm als irrtümlich beurteilte Meinung des Andersdenkenden ernst und kann sie interessant, vielleicht scharfsinnig oder geistreich finden; er kann und wird sich bemühen, auch in dem Irrtum ein verstecktes Korn oder doch ein Körnchen Wahrheit zu entdecken. Dagegen kann auch der Toleranteste das, was nach seiner Meinung Irrtum ist, nicht achten oder hochschätzen, sondern nur ablehnen und den in diesem Irrtum Befangenen deswegen bedauern; bei Aussicht auf Erfolg wird er vielleicht versuchen, ihm behilflich zu sein, den Irrtum abzulegen und zu zutreffender Erkenntnis zu gelangen.

Der Tolerante tritt für das, was er für richtig hält, mit *Vernunftgründen* ein und wird versuchen, die Richtigkeit seiner Meinung überzeugend darzutun und die von ihr abweichende Meinung als irrig zu erweisen. Mit Anhängern oder Vertretern anderer Meinungen wird er um die Erkenntnis ringen, was wirklich zutrifft, nicht nur in der Absicht, deren Meinungen zu widerlegen, sondern ebenso mit der Bereitschaft, selbst von den anderen zu lernen und gegebenenfalls seine eigene Meinung zu berichtigen, zu ergänzen oder zu vertiefen.

Wenn *In*tolerante miteinander reden, artet das leicht in Streit aus. Jeder hält seine Meinung für die volle und lautere Wahrheit und die Meinung des anderen für reinen Irrtum oder völligen Unsinn; keiner will von dem anderen etwas lernen; beide Seiten legen es darauf ab, den anderen möglichst schlagend zu widerlegen. – Wenn zwei Tolerante miteinander reden, nimmt jeder an oder hält es jedenfalls nicht von vornherein für ausgeschlossen, daß auch in der von ihm als unzutreffend abgelehnten Meinung des anderen etwas Richtiges enthalten ist, und versucht, dieses Richtige aus dem Irrtum, mit dem er es verquickt sieht, herauszulösen. Dieses Bemühen beider Seiten wird oft dazu führen, daß sie manches herausfinden, worin sie übereinstimmen; so kommen sie einander näher; beide bereichern ihr zutreffendes Wissen und vertiefen es; auch wenn ein Rest an Meinungsverschiedenheit bleibt, der nicht ausgeräumt werden kann.

Wo es um Wahrheiten geht, die interpersonal zwingend andemonstriert werden können, bedarf es keiner Toleranz, ja ist streng genommen für sie – jedenfalls in dem Vollsinn, wie wir Toleranz zu verstehen pflegen – kein Platz. *Aufzwingen* läßt sich allerdings die bessere Einsicht auch mit noch so zwingenden Beweisen nicht. Wenn der andere den zwingenden Beweis nicht begreift, aber auch wenn er sich weigert, ihn zur Kenntnis zu nehmen und zu prüfen, dann bleibt nichts anderes übrig, als sich mit seiner Beschränktheit oder seinem störrischen Eigensinn abzufinden und, soweit sein aus dem festgehaltenen Irrtum entspringendes Handeln sich im Rahmen der ihm zustehenden Handlungsfreiheit hält und kein Unheil anrichtet, ihn gewähren zu lassen. Diese Duldsamkeit schulden wir Menschen einander als *Gleichberechtigten;* die höhere ethische Dignität der Toleranz kommt dieser Duldung nicht zu.

Wirtschaft

Vielfach findet sich eine vom klassischen Altertum überkommene Geringschätzung der Wirtschaft: Wirtschaft als Befassung mit dem Stofflichen sei des geistesmächtigen Menschen unwürdig, ein Bereich, der für Entfaltung von Tugend und Seelenadel keinen Platz biete; der freie Vollbürger überließ die Wirtschaft dem Halbfreien und Sklaven. Zwei Jahrtausende Christentum haben nicht vermocht, diese heidnische Auffassung völlig zu überwinden, die den Lebensbereich und Lebensinhalt der großen Mehrzahl der Menschen des sittlichen Gehaltes beraubt und damit als Sinnerfüllung des Menschen- und Christenlebens verneint.

Aus der Doppeldeutigkeit des Zeitworts „wirtschaften" und noch mehr des Eigenschaftswortes „wirtschaftlich" ist in jüngster Zeit ein anderes Mißverständnis der Wirtschaft entsprungen. Wirtschaftlich = haushälterisch verfahren heißt handeln nach dem sog. ökonomischen Rationalprinzip: einen zu erzielenden Erfolg herbeiführen mit dem geringstmöglichen Aufwand von Mitteln; mit den verfügbaren Mitteln den größtmöglichen Erfolg herbeiführen. Dieses Rationalprinzip gilt überall da, wo Knappheit herrscht, d.i. nur begrenzte Mittel zur Verfügung stehen. Das ist in der Wirtschaft der Fall, und darum ist die Wirtschaft ein Anwendungsbereich des Rationalprinzips. Knappheit herrscht aber in *allen* Lebensbereichen; daher ist für den Politiker, den Strategen, den Seelsorger in je ihren Wirkensbereichen das Rationalprinzip ganz ebenso verbindlich wie für den Wirtschaftler. „Mittelverwendung für Zwecke" findet in der Wirtschaft statt, ist aber keine Eigentümlichkeit der Wirtschaft, sondern ihr mit mehr oder weniger allen Lebensbereichen gemeinsam. Das Wesen der Wirtschaft läßt sich daher nicht *formal* bestimmen von der Zweck-Mittelhaftigkeit und der Maßgeblichkeit des Rationalprinzips her, sondern nur *material,* d.i. inhaltlich. Wirtschaft ist nicht eine logisch-formale, sachlich inhaltleere und darum sittlich gehaltlose Verfahrensweise, sondern ein *Sach*bereich.

Wirtschaft ist derjenige Tätigkeitsbereich des menschlichen Gemeinschaftsleben, der zum Ziele hat die Versorgung der gemeinschaftsverbundenen Menschen mit den für sie als Geist-Leib-Wesen zur Erhaltung ihrer physischen Existenz und zum Aufbau eines menschenwürdigen Kulturlebens erforderlichen stofflichen Mitteln; kurz: „Kulturfunktion der Unterhaltsfürsorge" (Sombart); etwas länger: „Gestaltung menschlichen Zusammenlebens unter der Rücksicht dauernden Einklangs zwischen Bedarf und Deckung" (v. Gottl-Ottlilienfeld). – Das will besagen:

a) Wirtschaft erschöpft sich nicht in den technologischen Prozessen der Erzeugung, Versendung, Lagerung usw. von Gütern; diese technologischen Prozesse gehen zwar in die Wirtschaft ein, werden aber zur Stufe der Wirtschaft erst dadurch erhoben, daß sie sinnvoll zusammengefügt und zusammengeordnet werden zur menschlichen Bedarfsbefriedigung, indem einmal Güter solcher Art und in solchen Mengenverhältnissen bereitgestellt werden, wie es dem menschlichen Bedarf entspricht und zum anderen mal die Güter in die Verfügungsgewalt der ihrer bedürfenden Menschen gebracht werden.

b) Wirtschaft ist ein *gesell*schaftlicher Lebensprozeß, das Ineinandergreifen (die Integration) der Betätigungen aller Wirtschaftsgenossen, die an der Gütererzeugung, der Güterverteilung und am Güterverbrauch beteiligt sind. Das Tun und Lassen der Erzeuger, Verteiler und Verbraucher ist von Hause aus ausgerichtet auf ein solches sinnvolles Ineinandergreifen und verlangt daher von allen Beteiligten ein solches Verhalten, daß dieses Ineinandergreifen auch wirklich zustande kommt.

c) Wirtschaft ist ein *Kultur*sachbereich. – Das ist an sich schon damit gegeben, daß Wirtschaft ein sachlich (inhaltlich) bestimmter gesellschaftlicher Lebensprozeß ist, denn den Inhalt des menschlichen Gesellschaftslebens nennen wir „Kultur". Unter den verschiedenen Kultursachbereichen nimmt die Wirtschaft die unterste, d. h. allen übrigen *dienende* Stellung ein. Mit allem Nachdruck aber ist zu betonen, daß Wirtschaft nicht etwa *vor* der Schwelle der Kultur liegt, sondern die zwar unterste, zugleich aber auch breiteste und mächtigste Stufe im gesamten Stufenbau der menschlichen Kultur bildet; wirtschaftliches Schaffen liefert nicht etwa erst die *Vor*bedingungen, sondern es ist selbst ein kulturelles Schaffen; die Wirtschaft bestimmt nicht nur maßgeblich das Gesicht der höheren Kultursachbereiche, die sie trägt, sondern hat auch selbst ein ganz ausgeprägtes kulturelles Gesicht, leider meist ein verzerrtes, weil sie es nicht zum wahrhaft *sinn*vollen Ineinandergreifen der zahllosen wirtschaftlichen Einzelhandlungen und Einzelbestrebungen bringt, je nach dem redlichen Bemühen der Beteiligten aber auch ein mehr oder weniger edel geformtes Gesicht in dem Maße, wie die Sinnerfüllung gelingt.

Entgegen den oben abgewiesenen Auffassungen, die der Wirtschaft den Sinn absprechen oder gar sie der Möglichkeit eines Sinnes berauben, halten wir daran fest: die Wirtschaft hat einen Sinn, d. h. ein vorgegebenes, in die Schöpfungs-Ordnung eingezeichnetes, aus der Geist-Leib-Natur des Menschen einerseits, seiner wesenhaft gesellschaftlichen Veranlagung anderseits eindeutig ablesbares Sachziel (finis operis; vgl. Quadragesimo anno n. 42). Das schließt nicht aus, daß der einzelne wirtschaftende Mensch sich ein eigenes, freigewähltes Ziel (Personziel, finis operantis) setzt, solange nur die Verfolgung dieser Sonderziele die Erreichung des Sachzieles der Wirtschaft nicht beeinträchtigt, vielmehr ihr dienstbar ist. Der sittliche Wert der wirtschaftlichen Betätigung *gründet* im Sachziel der Wirtschaft und dem Dienste an ihm; sittlich wertvolle Personziele, die dieses Sachziel unberührt lassen, fügen einen *zusätzlichen* sittlichen Wert hinzu; Sonderziele, die dem Sachziel abträglich sich auswirken, *zerstören* den sittlichen Wert, selbst wenn sie an sich selbst sittlich einwandfrei oder gar wertvoll sein sollten.

Wachstumspolitik

Die steigende Arbeitsproduktivität setzt mehr Arbeitskräfte frei, als die Wirtschaft laufend wiedereinzugliedern und in Arbeit zu bringen vermag. Damit diese Menschen nicht untätig herumsitzen, sich nicht als unnütz und überflüssig in der Welt vorkommen und obendrein des zum Lebensunterhalt Benötigten entbehren, betreiben wir, da uns bisher nichts Besseres eingefallen ist, *Wachstumspolitik*, das heißt, wir versuchen, die Unternehmer zu Investitionen zu veranlassen. Gelingt uns das, dann bedeutet es, daß die freigesetzten Arbeitskräfte damit beschäftigt werden, Produktionsmittel zu schaffen zur Produktion von Gebrauchs- und Verbrauchsgütern, die wir nicht nötig haben, und daß wir für beide, zuerst für die zusätzlich produzierten Produktionsmittel, und in der Folge, wenn diese in Betrieb kommen, für die mit ihrer Hilfe produzierten Gebrauchs- und Verbrauchsgüter eine unvorstellbare Menge *unersetzbarer Ressourcen* (Rohstoffe und Energie) verbrauchen.

Wenn diese widersinnige und unverantwortliche Verfahrensweise ihren Grund darin hat, daß uns bisher nichts Besseres eingefallen ist, dann haben wir uns mit allem Ernst um bessere Einfälle zu bemühen. Verhält es sich dagegen so, daß die bestehende Wirtschaftsordnung diesen Widersinn unvermeidlich mit sich bringt, dann ist das ein Grundfehler, im Vergleich zu dem das ihr zur Last gelegte Profitmotiv nur als harmloser Schönheitsfehler erscheint. *Ob* dem so ist oder nicht, *wie* gegebenenfalls unsere Wirtschaftsordnung umgestaltet werden könnte oder sollte, ist hier nicht zu entscheiden. Wir hier Versammelten haben kein Programm für eine neue Wirtschaftspolitik zu entwerfen; wir haben nur unserer Verantwortung bewußt zu sein *und,* wo wir die Gelegenheit dazu haben, unseren Politikern *ihre* unvergleichlich schwerere Verantwortung, vor der sie so gern die Augen verschließen, immer wieder vor Augen zu halten.

Im Augenblick reden und tun unsere Politiker noch so, als könnten wir die während einer Zeitspanne von zehn bis fünfzehn Jahren unbestreitbar erfolgreich betriebene Wachstumspolitik, vielleicht in Einzelheiten auf Grund der gewonnenen Erfahrungen vervollkommnet, *weiterbetreiben.* Ein solches Vor-sich-her-Schieben einer nicht aufschiebbaren Entscheidung läßt sich weder gegenüber dem eigenen Volk noch gegenüber der vielmals zahlreicheren Bevölkerung der unterentwickelten Länder und schon gar nicht gegenüber den nachfolgenden Generationen verantworten, denen wir eine *bewohnbare* Erde zu hinterlassen haben. Was wir an Bremsweg noch vor uns haben, dürfen wir auf keinen Fall durch unschlüssiges Zögern verspielen!

Kapitalismus

Vom „Kapitalismus" haben wir bestimmt *keine* „Wesenserkenntnis"; bis zur Stunde ist Kapitalismus ein Schlagwort geblieben, von dem man allenfalls sagen kann, es beziehe sich auf den derzeit bei uns gegebenen Zustand von Gesellschaft und/oder Wirtschaft und bezeichne im Mund der *einen* das, was ihnen an diesem Zustand gefällt, und im Mund der *anderen* den Inbegriff alles dessen, was ihnen an diesem Zustand mißfällt, was sie verabscheuen, bekämpfen und beseitigt sehen wollen. Sie reden von zwei verschiedenen Dingen oder mindestens von zwei verschiedenen Seiten ein und desselben historischen Phänomens. Insoweit könnte man sagen, auch zwischen ihnen bestehe keine *grundsätzliche* Meinungsverschiedenheit, sondern nur der *praktische* Gegensatz, daß die einen das Bestehende um jeden Preis erhalten, die anderen dagegen mit allen Kräften es beseitigen wollen, wobei allerdings meist nicht sehr klar ist, *was* beseitigt werden soll. Sehr oft scheint es sich weniger um Beseitigung als um die Überführung des Privatkapitalismus in den Staatskapitalismus zu handeln; die Eigentümer der Produktionsmittel sollen ausgewechselt werden; an die Stelle der vielen privaten Eigentümer soll ein einziger öffentlicher oder allgemeiner Eigentümer treten, und zwar eigenartigerweise der von den gleichen Leuten zum Absterben verurteilte Staat. (...)

Nirgends ist das Konstruieren von „Ismen" so fragwürdig wie im Fall des „Kapitalismus". Fragen wir doch lieber, was von dem Bestehenden erhaltungswürdig ist und was und in welchem Sinn geändert werden könnte und sollte; dann bleiben wir viel sicherer auf dem Boden der Tatsachen und werden, soweit wir nicht für getarnte Interessen kämpfen, in den meisten Stücken zu übereinstimmenden Ergebnissen kommen. Mein Vorschlag wäre also: Lassen wir jedem die Freiheit, sich unter „Kapitalismus" das vorzustellen, was er in dieses Wortsymbol hineinlegen will, und lassen wir ihn diesen seinen „Kapitalismus" den Affekten gemäß beurteilen, die das so verstandene Wortsymbol bei ihm auslöst – und gehen an die praktische Arbeit, dann verlieren wir wenigstens keine Zeit mit Dreschen von leerem Stroh.

In meinem Verhältnis zum „Kapitalismus" haben einige einen grundlegenden Meinungswandel, ja geradezu einen Frontwechsel bei mir wahrnehmen wollen. Der *Sache* nach ist meine Haltung, Einstellung oder Wertung durch alle Jahrzehnte unverändert geblieben. Im *Sprachgebrauch* dagegen liegt in der Tat ein Wandel vor. In meinen ersten Veröffentlichungen – so namentlich in „Kirche und Kapitalismus", Volksvereinsflugschrift 1929 – habe ich aus Loyalität gegenüber der vom Kölner Erzbischof eingesetzten

Verständigungskommission und deren als „Kölner Richtlinien" bekannten Vorschlägen mich dem Sprachgebrauch angeschlossen, unter „Kapitalismus" die „auf Kapitalverwendung und Kapitalvermehrung eingestellte Wirtschaftsordnung" zu verstehen. Diese Begriffsbestimmung trifft jedoch für jede nicht völlig stationäre Wirtschaft zu und ist darum nicht geeignet, die Eigenart einer bestimmten Wirtschafts- oder erst gar Gesellschaftsordnung zu kennzeichnen, und trifft schon gar nicht das, was alle Welt, wenn auch noch so diffus, im Sinn hat, wenn man von „Kapitalismus" redet oder über „Kapitalismus" streitet.

Deshalb habe ich diesen Sprachgebrauch schon bald aufgegeben und seither im Sinn von *Götz Briefs* und namentlich *Paul Jostock* jene Wirtschaftsweise als „kapitalistisch" bezeichnet, bei der Kapital und Arbeit in der Weise aufeinander angewiesen sind, daß es zwei verschiedene Gruppen von Personen sind, deren eine (nur) Kapital und deren andere (nur) Arbeit einsetzt, wobei der Wirtschaftsprozeß im Ganzen von seiten derer, die das Kapital einsetzen, organisiert und geleitet wird. Kommt hinzu, daß die Gruppe derer, die über das Kapital verfügen und es einsetzen, die gesellschaftliche Minderheit, dagegen die Gruppe derer, die (nur) über ihre Arbeitskraft verfügen, die weit überwiegende gesellschaftliche Mehrheit bildet, dann verwende ich seither dafür die Bezeichnung „kapitalistische Klassengesellschaft", womit klar *unterschieden* sind einerseits die ethisch indifferente *Wirtschaftsweise,* die lediglich unter der Rücksicht zu würdigen ist, was sie den an ihr Beteiligten leistet und was sie ihnen abfordert, andererseits die eindeutig abzulehnende und zu überwindende kapitalistische *Klassengesellschaft.* An dieser Unterscheidung und unterschiedlichen Wertung, die auch der Enzyklika „Quadragesimo anno" (1931) zugrunde liegt, habe ich ohne jedes Schwanken immer festgehalten; vgl. dazu mein Buch „Kapitalismus – kritisch betrachtet" (Freiburg 1986).

Läßt aus technologischen Gründen die Wirtschaft sich

nicht in Ein-Mann-Betriebe auflösen und kann demzufolge nicht jeder an seinen eigenen Produktionsmitteln tätig sein, dann stehen grundsätzlich drei verschiedene Arten, die Wirtschaft zu organisieren, zur Wahl: 1. vom *Kapital* her: „kapitalistische Wirtschaftsweise"; 2. von der *Arbeit* her: „laboristische Wirtschaftsweise"; 3. von *beiden* Seiten her: „partnerschaftliche Wirtschaftsweise".

Ohne die kapitalistische Wirtschaftsweise grundsätzlich abzulehnen oder gar zu verdammen, ohne ihre Überlegenheit über alle ihr voraufgegangenen Wirtschaftsweisen zu verkennen oder gar zu bestreiten, habe ich mehr Zuneigung zu den beiden anderen Wirtschaftsweisen und sähe gerne eine von ihnen, mit Vorzug die partnerische oder partnerschaftliche, verwirklicht, selbstverständlich erst nach voller Sicherung ihrer Funktionsfähigkeit und Effizienz. Dabei hat bei mir immer festgestanden und steht auch weiterhin für mich fest, daß eine Umwandlung nicht revolutionär, sondern nur evolutionär, d. i. nur auf rechtsstaatlichem Weg und mit rechtsstaatlichen Mitteln vor sich zu gehen hat. – Soweit hinsichtlich „Kapitalismus" bei mir ein Wandel besteht, betrifft er ausschließlich den Wortgebrauch in meinen frühesten Veröffentlichungen; was die *Sache* angeht, habe ich zwar immer mehr und mehr zugelernt, aber nicht umgelernt.

Sozialismus

In Sachen Sozialismus hat sich meine Überzeugung im *Grundsätzlichen* ebensowenig geändert; in dem Maß jedoch, in dem das Tatsächliche sich wandelte oder ich von neuen oder doch mir bis dahin unbekannt gebliebenen Tatsachen Kenntnis erlangte, mußte ich meine Vorstellung vom *Tatsächlichen* berichtigen.

Daß ein Sozialismus, wie ihn die Enzyklika „Quadragesimo anno" in Anlehnung an die berühmte *Gundlachsche*

Begriffsbestimmung in 44 Wörtern (Staatslexikon der Görres-Gesellschaft Bd. 4, [5]1931, 1963; vgl. in diesem Band S. 41) begrifflich umschreibt, zu für den Christen unverzichtbaren Wahrheiten und Werten in unaufhebbarem Widerspruch steht, verstand sich für mich jederzeit von selbst. Dieser und *nur* dieser Sozialismus ist durch „Quadragesimo anno" als für den Christen unannehmbar verurteilt. Auch die Tatsache, daß an anderen Stellen der Enzyklika noch bestimmte andere Äußerungen oder Erscheinungsformen des Sozialismus gerügt werden, ändert daran nichts. Ob wirklich alles, was in der Welt unter dem Namen „Sozialismus" umgeht, durch die von Gundlach formulierte und in die Enzyklika übergegangene Begriffsbestimmung erfaßt wird, ist offenbar keine Grundsatz-, sondern reine Tatsachenfrage. Zwei Jahrzehnte lang war ich der Meinung, dieser Begriffsbestimmung sei es gelungen, das allen erdenklichen Spielarten von Sozialismus *Gemeinsame* in den Griff zu bekommen, und demzufolge seien denn auch *alle* von der Verurteilung betroffen. Das hat sich jedoch als unzutreffend erwiesen.

In der Zeit des Wiederaufbaus nach dem Zweiten Weltkrieg kam ich in enge Berührung mit Männern, die sich nicht nur mit Überzeugung zum Sozialismus bekannten, sondern in ihm geistig führend waren, die aber den in „Quadragesimo anno" verurteilten Sozialismus weit von sich wiesen, ja erklärten, sie verabscheuten ihn ebenso wie der Papst. Demnach gab es also außer dem in „Quadragesimo anno" begrifflich umschriebenen und verurteilten Sozialismus zum mindesten auch *einen* andersgearteten Sozialismus, der von dem Verdammungsurteil nicht betroffen war, es sich vielmehr zu eigen machte. Meine bisherige Meinung war damit als irrig erwiesen. An dem Urteil von „Quadragesimo anno" ändert das offenbar nichts; es bleibt nach wie vor zwingend einleuchtend und unumstößlich wahr – in bezug auf *den* Sozialismus, den die Enzyklika genauestens umschreibt und den sie mit ihrem

Urteil treffen will. Darauf bestehe ich nach wie vor unerbittlich, bekämpfe allerdings zugleich ebenso entschieden jede Verallgemeinerung dieses Verdammungsurteils.

Ob eine Spielart des Sozialismus, die nicht unter die Gundlachsche, in die Enzyklika übernommene Begriffsbestimmung fällt, mit christlicher Überzeugung vereinbar ist oder nicht, steht nicht im vorhinein fest, sondern ist in jedem Einzelfall unvoreingenommen zu prüfen und nach den eigenen Merkmalen eben dieser Spielart zu entscheiden. Ganz allgemein: soweit einzelne sozialistische (sozialdemokratische) Bewegungen oder Parteien sich wandeln und dieser Wandel zu meiner Kenntnis gelangt, wandelt sich notwendig auch mein Urteil über sie und wird sich, soweit sie nicht tödlich erstarren und ich noch geistig regsam bleibe, auch weiterhin wandeln.

Programme und deren Träger sind deutlich auseinanderzuhalten; ein Programm ist nach den Regeln der Textinterpretation zu analysieren. So habe ich über das Godesberger Grundsatzprogramm der SPD mir das Urteil gebildet und öffentlich ausgesprochen, die wesentlichen Aussagen der katholischen Soziallehre fänden sich darin wieder. Das zu beurteilen erachtete ich mich als qualifiziert; über das Programm als Ganzes sowie darüber, ob die Partei zu ihm steht und ihm nachlebt oder ob sie von ihm abgeleitet und andere Wege geht, muß ich mir zwar aus staatsbürgerlicher Verantwortung für mein eigenes Verhalten (beispielsweise als Wähler) gleichfalls ein Urteil bilden; dazu öffentlich Stellung zu nehmen und durch öffentliche Stellungnahme in die politische Meinungsbildung einzugreifen, erachte ich mich *nicht* als berufen und habe es jederzeit denen überlassen, die sich als dazu kompetent ansehen dürfen.

Verantwortung

Worum oder wofür wir Verantwortung tragen, ist heute nicht weniger als die gesamte Menschheit und Menschheitsgeschichte, für den Christen das allumfassende, Diesseits und Jenseits umgreifende Reich Gottes, zunächst (wenn wir die spezifische Aufgabe der *Kirche*, das *dies*seitige Leben auf das *jen*seitige hinzuordnen, aus unseren Überlegungen *aus*sparen) das *Dies*seits, unter den heutigen Umständen die *verwissenschaftlichte* und *verwaltete*, mehr und mehr zu einer unlösbaren, aber auch unentwirrbaren *Einheit* zusammenwachsende Welt. (...)

Wir wissen, wie schwer es uns Menschen fällt, über das uns Nächstliegende hinauszuschauen und erst gar uns dafür verantwortlich zu wissen und als verantwortlich anzuerkennen, wie schwer es uns etwa fällt, das Verantwortungsbewußtsein für die Mitmenschen in den Ländern der Dritten und Vierten Welt zu wecken; allzu leicht bleiben da Solidaritätsbekenntnisse bloße Lippenbekenntnisse.

Zu dem „Ganzen", für das wir Verantwortung tragen, zählt nicht nur die Gegenwart, sondern nicht minder die *Zukunft*. (...)

In der Tat, es war unser durchaus ehrlicher Wille, auch an unseren Nachfahren gewissenhaft zu handeln. Aber da werden wir plötzlich von einer erschreckenden Erkenntnis überfallen, von der Erkenntnis, daß wir – bislang gedankenlos und unwissentlich – in allergrößtem Ausmaß das gerade Gegenteil davon getan haben und noch weiter tun: zu Lasten der nach uns kommenden Geschlechter treiben wir *Raubbau* an unserem Planeten und lassen die Dinge einer Katastrophe entgegentreiben. Die nach uns kommende Generation sind Menschen wie wir. Gott ist ihr Vater, wie er unser Vater ist. Gott hat diese Erde mit all ihren Schönheiten und all ihren Schätzen nicht für uns allein geschaffen, sondern ganz ebenso für sie. Und Gott hat uns unsere Intelligenz gegeben, damit wir von dieser Erde Besitz ergreifen und sie uns „untertan machen", aber nicht in dem Sinn, daß wir sie für unsere *eine* Generation ausbeuten und sie verwüstet unseren Nachkommen hinterlassen, sondern damit wir sie herrichten für uns selbst *und* für alle, die nach uns kommen sollen. Und nicht wir haben zu bestimmen, wann die Menschheitsgeschichte dadurch ihr Ende erreicht, daß diese Erde unbewohnbar geworden ist und nichts mehr hergibt, wovon Menschen leben könnten, sondern Gott hat sich vorbehalten, wann *er* das Buch der Menschheitsgeschichte schließt und die Endabrechnung vornimmt. Wir haben mit dieser Erde so umzugehen, daß auch, nachdem die Menschheit die Erde erfüllt haben wird und für weiteres Wachstum der Weltbevölkerung kein Platz mehr ist, die Menschheit weiterleben, die Menschheitsgeschichte weitergehen kann ... Die Wissenschaft hat durch ihre Erkenntnisse uns Handlungsmöglichkeiten von weltweiter Tragweite erschlossen und damit den Verantwortungsbereich derer, die Entscheidungen zu treffen haben, in unvorstellbarem Ausmaß erweitert. Dem, der zur Entscheidung berufen ist, kann sie die damit verbundene Verantwortung *nicht abnehmen;* sie kann ihn nicht einmal von der drückenden Last befreien, unter *Ungewißheit* entscheiden zu müssen. Aber *diese* Last kann sie ihm wenigstens *erleichtern,* indem sie durch ihren Erkenntnisfortschritt den Bereich der Ungewißheit mehr und mehr einengt, allerdings nicht selten um den Preis, daß sie damit zugleich ganz neue Bereiche von Ungewißheit erschließt. Immerhin hat sie hier Gelegenheit, einen gewissen Ausgleich zu schaffen für die ungeheuere Ausweitung des Verantwortungsbereichs. Das *Mehr* an Verantwortung aber *bleibt.*

Mehr Verantwortung tragen – so führte Paul VI. am 10.6.1969 vor der Vollversammlung der Internationalen Arbeitsorganisation in Genf aus – bedeutet *„mehr Mensch sein".* Sollte einmal alles andere Wachstum zu Ende sein, an seiner Verantwortung kann der Mensch auch dann immer noch wachsen.

Quellenangaben

Zu Teil III: Ausgewählte Texte (S. 136–189)

Blick auf Karl Marx, Erstveröffentlichung unter dem Titel „Karl Marx", in: Nachrichtenblatt des Vereins der ehemaligen Schüler und Lehrer des Friedrich-Wilhelm-Gymnasiums in Trier e.V., Ausgabe Nr. 55, Mai 1983, dort als Abdruck eines Vortrags im Saarländischen Rundfunk vom 13. März 1983.

Das Beispiel Jesu Christi, aus: O. v. Nell-Breuning, Unsere Verantwortung. Für eine solidarische Gesellschaft, Freiburg i. Br. 1987, S. 107–110.

Menschenwürde, aus: Unsere Verantwortung, a.a.O., S. 59f., 62.

Gewissen, aus: Unsere Verantwortung, a.a.O., S. 63–65.

Familie, aus: O. v. Nell-Breuning, Familie, Staat, Kirche – drei unentbehrliche Institutionen? Hrsg. Informationszentrum Berufe der Kirche, Freiburg i. Br. 1983, S. 3–5.

Arbeit, aus: O. v. Nell-Breuning, Arbeitet der Mensch zuviel? Freiburg i. Br. ^{3}1987, S. 37f., 39ff.

Mitbestimmung und Unternehmer, aus: O. v. Nell-Breuning, Worauf es mir ankommt. Zur sozialen Verantwortung, Freiburg i. Br. ^{4}1985, S. 93f., 66f.

Partnerschaft, aus: Arbeitet der Mensch zuviel?, a. a. O., S. 91–94.

Eigentum, aus: O. v. Nell-Breuning, Wie sozial ist die Kirche? Hrsg. Franz Henrich, ersch. in der Reihe „Schriften der katholischen Akademie in Bayern", Patmos-Verlag, Düsseldorf 1972, S. 66–68.

Arbeitslosigkeit und Umweltzerstörung, aus: Arbeitet der Mensch zuviel?, a. a. O., S. 123–126.

Freizeit und menschliches Wachstum, aus: Arbeitet der Mensch zuviel?, a.a.O., S. 127–129.

Subsidiarität, aus: O. v. Nell-Breuning, Gerechtigkeit und Freiheit. Grundzüge katholischer Soziallehre, Olzog Verlag, München ^{2}1985, S. 48–50.

Solidarität, aus: Worauf es mir ankommt, a.a.O., S. 41f.

Toleranz, aus: Unsere Verantwortung, a.a.O., S. 67–70.

Wirtschaft, aus: O. v. Nell-Breuning, Wirtschaftliche Grundbegriffe und ihre Beziehung zur Seelsorge. Hrsg. Hermann Josef Schmitt, ersch. in der Reihe „Bausteine der Gegenwart" III, Verlag I. P. Bachem, Köln 1946, S. 7–11.

Wachstum, aus: O. v. Nell-Breuning, Zukunft. Ängste des heutigen Menschen, Vortrag, gehalten im August 1980 in St. Peter in Köln, ersch. in der Schriftenreihe „Rufe in der Zeit", Hrsg. Presseamt des Erzbistums Köln, Heft 8, Köln 1980, S. 75f.

Kapitalismus, aus: Wie sozial ist die Kirche?, a. a. O., S. 64–66, und Worauf es mir ankommt, a.a.O., S. 84–86.

Sozialismus, aus: Worauf es mir ankommt, a.a.O., S. 87–89.

Verantwortung, aus: Unsere Verantwortung, a.a.O., S. 9, 10, 11, 28.

Biographische Hinweise zu den Autoren

Dr. Franz Alt, geb. 1938 in Untergrombach/Baden, arbeitet seit 1968 als Journalist beim Südwestfunk. Seit 1972 ist er Moderator des Fernsehmagazins „Report". Von 1962 bis 1988 war er Mitglied der CDU.

Dr. Norbert Blüm, geb. 1935 in Rüsselsheim, war von 1968 bis 1975 Hauptgeschäftsführer der Sozialausschüsse der Christlich-Demokratischen Arbeitnehmerschaft. 1977 wurde er deren Vorsitzender. 1981 übernahm er in Berlin das Amt des Senators für Bundesangelegenheiten, seit 1982 ist er Bundesminister für Arbeit und Sozialordnung.

Prof. Dr. Franz Furger, geb. 1935 in Vals (Schweiz), studierte Theologie in Rom. In der Zeit zwischen 1967 und 1987 war er Professor für Ethik und Moraltheologie der Theologischen Fakultät in Luzern. Seit 1987 ist er Direktor des Instituts für Christliche Sozialwissenschaften an der Universität Münster.

Dr. Heiner Geissler, geb. 1930 in Oberndorf, war von 1967 bis 1977 Minister für Soziales, Gesundheit und Sport in Rheinland-Pfalz und von 1982 bis 1985 Bundesminister für Jugend, Familie und Gesundheit. Seit 1977 ist er Generalsekretär der CDU.

Dr. Franz Greiss, geb. 1905 in Köln, war von 1947 bis 1958 Präsident der IHK in Köln. Von 1949 bis 1965 war er Vorsitzender des Bundes katholischer Unternehmer (BKU).

Dr. Walther Kampe, geb. 1909 in Wiesbaden, wurde 1934 zum Priester geweiht. In der Zeit zwischen 1952 und 1984 war er Weihbischof in der Diözese Limburg.

Dr. Heribert Klein, geb. 1957 in Hachenburg, Studium der Germanistik und Musikwissenschaft, Redakteur der „Frankfurter Allgemeinen Zeitung".

Oskar Lafontaine, geb. 1943 in Saarlouis, ist seit 1977 Landesvorsitzender der SPD Saar, seit 1985 Ministerpräsident des Saarlandes. 1987 wurde er zum Stellvertretenden Vorsitzenden der SPD gewählt; in der SPD ist er auch geschäftsführender Vorsitzender der Programmkommission.

Alfons Müller, geb. 1931 in Berzdorf, ist MdB in der Fraktion der CDU und seit 1971 Bundesvorsitzender der KAB. Seit 1982 ist er Vorsitzender im Bezirksverband der CDA-Mittelrhein, im Bundestag Stellvertretender Vorsitzender des Ausschusses für Arbeit und Sozialordnung.

Prof. Dr. Gerhard Müller, geb. 1912 in Limburg/Lahn, war von 1946 bis 1954 Präsident des Landesarbeitsgerichts Hessen und bis 1981 Präsident des Bundesarbeitsgerichts. Seit 1967 ist er Honorarprofessor für Arbeitsrecht an der Universität Köln.

Prof. Dr. Anton Rauscher, geb. 1928 in München, ist seit 1971 Professor für Christliche Gesellschaftslehre an der Universität Augsburg. Er studierte in Rom und Münster und ist seit 1963 Direktor der Katholischen Sozialwissenschaftlichen Zentralstelle in Mönchengladbach.

Dr. h.c. Helmut Schmidt, geb. 1918 in Hamburg, war nach politischen Tätigkeiten als Senator und Minister in verschiedenen Ressorts in der Zeit zwischen 1974 und 1982 Bundeskanzler der Bundesrepublik Deutschland. Seit 1983 ist er Verleger und Mitherausgeber der Wochenzeitung „DIE ZEIT".

Franz Steinkühler, geb. 1937 in Würzburg, ist seit 1962 Gewerkschafter der Industriegewerkschaft Metall. Nach der Tätigkeit als Bezirksleiter der IG Metall in Baden-Württemberg wurde er 1982 2. Vorsitzender der IG Metall, 1986 deren 1. Vorsitzender.

Dr. h.c. Heinz-Oskar Vetter, geb. 1917 in Bochum, wurde 1964 2. Vorsitzender der IG Bau und Energie, 1969 1. Vorsitzender des DGB. 1970 bis 1979 war er Präsident des Europäischen Bundes Freier Gewerkschaften. Derzeit ist er Mitglied des Europäischen Parlaments.

Dr. Hans-Jochen Vogel, geb. 1926 in Göttingen, war von 1960 bis 1972 Oberbürgermeister in München, danach Bundesminister für Städtebau, später Justiz. Seit 1983 ist er Vorsitzender der SPD und deren Fraktionsvorsitzender im Deutschen Bundestag.

Dr. Peter Heinz Werhahn, geb. 1913 in Berlin, ehemaliger Präsident der Internationalen Vereinigung Christlicher Unternehmer (Uniapac) und Gründungsmitglied des BKU. War viele Jahre Vorstands- und Aufsichtsratsvorsitzender verschiedener Unternehmen, u.a. im Kohlenbergbau.